ZHONGCAI FALÜ FAGUI XUEXIBEN

仲裁法律法规学习本

法规应用研究中心◎编

U0950384

中国法治出版社
CHINA LEGAL PUBLISHING HOUSE

导　读

2025年9月12日，《中华人民共和国仲裁法》（以下简称《仲裁法》由第十四届全国人民代表大会常务委员会第十七次会议修订通过，自2026年3月1日起施行。新修订的《仲裁法》共8章96条，健全完善具有中国特色、与国际通行规则相融通的仲裁法律制度，对于加强涉外法治建设，提高我国仲裁公信力和国际竞争力，更好服务高质量发展和高水平对外开放具有重要意义。

为便于读者更好地学习《仲裁法》，本书系统收录《仲裁法》及与其紧密关联的常用法律法规、司法解释及文件，涵盖《最高人民法院关于适用〈中华人民共和国仲裁法〉若干问题的解释》《最高人民法院关于仲裁司法审查案件报核问题的有关规定》《中国国际经济贸易仲裁委员会仲裁规则》等，精准覆盖仲裁实务需求。同时，精选仲裁领域指导性案例，以司法实践为指引，助力读者深化对新法的理解，提升实务应用能力。

目　录

一、综　合

① 本目录中的时间为法律文件的公布时间或最后一次修正、修订公布时间。

二、仲裁委员会、仲裁员和仲裁协会

三、仲裁协议

四、仲裁程序

五、申请撤销仲裁裁决

六、执　　行

七、涉外仲裁的特别规定

一　综　合

中华人民共和国仲裁法

（1994年8月31日第八届全国人民代表大会常务委员会第九次会议通过　根据2009年8月27日第十一届全国人民代表大会常务委员会第十次会议《关于修改部分法律的决定》第一次修正　根据2017年9月1日第十二届全国人民代表大会常务委员会第二十九次会议《关于修改〈中华人民共和国法官法〉等八部法律的决定》第二次修正　2025年9月12日第十四届全国人民代表大会常务委员会第十七次会议修订　2025年9月12日中华人民共和国主席令第54号公布　自2026年3月1日起施行）

目　录

第一章　总　　则

第一条　为了保证公正、及时仲裁经济纠纷，保护当事人的合法权益，保障社会主义市场经济健康发展，制定本法。

第二条　仲裁事业的发展贯彻落实中国共产党和国家的路线方针政策、决策部署，服务国家高质量发展和高水平对外开放，营造市场化、法治化、国际化营商环境，发挥化解经济纠纷的作用。

第三条　平等主体的自然人、法人、非法人组织之间发生的合同纠纷和其他财产权益纠纷，可以仲裁。

下列纠纷不能仲裁：

（一）婚姻、收养、监护、扶养、继承纠纷；

（二）依法应当由行政机关处理的行政争议。

第四条　当事人选择仲裁方式解决纠纷，应当遵循自愿原则，达成仲裁协议。没有仲裁协议，一方申请仲裁的，仲裁机构不予受理。

第五条　当事人达成仲裁协议，一方向人民法院提起诉讼的，人民法院不予受理，但仲裁协议无效或者法律另有规定的除外。

第六条　仲裁机构应当由当事人协议选定。

仲裁不实行级别管辖和地域管辖。

第七条　仲裁应当根据事实，符合法律规定，公平合理地解决纠纷。

第八条　仲裁应当遵循诚信原则。

第九条　仲裁依法独立进行，不受行政机关、社会团体和个人的干涉。

第十条　仲裁实行一裁终局的制度。裁决作出后，当事人就同一纠纷再申请仲裁或者向人民法院提起诉讼的，仲裁机构或者人民法院不予受理。

裁决被人民法院依法裁定撤销或者不予执行的，当事人就该纠纷可以根据双方重新达成的仲裁协议申请仲裁，也可以向人民法院提起诉讼。

第十一条　仲裁活动可以通过信息网络在线进行，但当事人明确表示不同意的除外。

仲裁活动通过信息网络在线进行的，与线下仲裁活动具有同等法律效力。

第十二条　国家支持仲裁机构加强与境外仲裁机构和有关国际组织的交流合作，积极参与国际仲裁规则的制定。

第二章　仲裁机构、仲裁员和仲裁协会

第十三条　仲裁机构可以在直辖市和省、自治区人民政府所在地的市设立，也可以根据需要在其他设区的市设立，不按行政区划层层设立。

仲裁机构由前款规定的市的人民政府组织有关部门和商会统一组建，属于公益性非营利法人。

第十四条　依据本法第十三条设立的仲裁机构，应当经省、自治区、直辖市人民政府司法行政部门登记。

经国务院批准由中国国际商会组织设立的仲裁机构向国务院司法行政部门备案。

仲裁机构登记管理的具体办法由国务院制定。

第十五条　仲裁机构应当具备下列条件：

（一）有自己的名称、住所和章程；

（二）有必要的财产；

（三）有符合本法规定的组成人员；

（四）有聘任的仲裁员。

仲裁机构的章程应当依照本法制定。

第十六条　仲裁机构变更名称、住所、章程、法定代表人、组

成人员的，应当提出申请，依法办理变更登记。

第十七条 仲裁机构终止的，依法办理注销登记。

第十八条 仲裁机构的组成人员包括主任一人、副主任二至四人和委员七至十一人。

仲裁机构的组成人员由法律、经济贸易、科学技术专家和有实际工作经验的人员担任。仲裁机构的组成人员中，法律、经济贸易、科学技术专家不得少于三分之二。

仲裁机构的组成人员每届任期五年，任期届满的应当依法换届，更换不少于三分之一的组成人员。

第十九条 仲裁机构应当依照法律法规和章程规定，建立健全内部治理结构，明确决策、执行、监督等方面的职责权限和程序。

仲裁机构应当建立健全民主议事、人员管理、收费与财务管理、文件管理、投诉处理等制度。

仲裁机构应当加强对组成人员、工作人员及仲裁员的监督，对其在仲裁活动中的违法违纪行为及时依法调查处理；需要追究法律责任的，及时移送有关机关予以处理。

第二十条 仲裁机构应当建立信息公开制度，及时向社会公开章程、登记备案、仲裁规则、仲裁员名册、服务流程、收费标准、年度业务报告和财务报告等信息，主动接受社会监督。

第二十一条 仲裁机构聘任的仲裁员应当公道正派，具备良好的专业素质，勤勉尽责，清正廉明，恪守职业道德。

第二十二条 仲裁员应当符合下列条件之一：

（一）通过国家统一法律职业资格考试取得法律职业资格，从事仲裁工作满八年的；

（二）律师执业满八年的；

（三）曾任法官、检察官满八年的；

（四）从事法律研究、教学工作并具有高级职称的；

（五）具有法律知识，从事法律、经济贸易、海事海商、科学技术等专业工作，并具有高级职称或者具有同等专业水平的。

《中华人民共和国监察官法》、《中华人民共和国法官法》、《中华人民共和国检察官法》等法律规定有关公职人员不得兼任仲裁员的，依照其规定；其他公职人员兼任仲裁员的，应当遵守有关规定。

仲裁机构可以从具有法律、经济贸易、海事海商、科学技术等专门知识的境外人士中聘任仲裁员。

第二十三条　仲裁机构按照不同专业设仲裁员名册。

仲裁员有被开除公职、吊销律师执业证书或者被撤销高级职称等不再具备担任仲裁员条件情形的，仲裁机构应当将其除名。

第二十四条　仲裁机构独立于行政机关，与行政机关没有隶属关系。

仲裁机构之间没有隶属关系。

第二十五条　中国仲裁协会是社会团体法人。仲裁机构是中国仲裁协会的会员。中国仲裁协会的章程由全国会员大会制定。

中国仲裁协会是仲裁机构的自律性组织，根据章程对仲裁机构及其组成人员、工作人员，以及仲裁员在仲裁活动中的行为进行监督。

中国仲裁协会依照本法和《中华人民共和国民事诉讼法》的有关规定制定示范仲裁规则。

第二十六条　国务院司法行政部门依法指导、监督全国仲裁工作，完善相关工作制度，统筹规划仲裁事业发展。

省、自治区、直辖市人民政府司法行政部门依法指导、监督本行政区域内仲裁工作。

第三章　仲裁协议

第二十七条　仲裁协议包括合同中订立的仲裁条款和以其他书面方式在纠纷发生前或者纠纷发生后达成的请求仲裁的协议。

仲裁协议应当具有下列内容：

（一）请求仲裁的意思表示；

（二）仲裁事项；

（三）选定的仲裁机构。

一方当事人在申请仲裁时主张有仲裁协议，另一方当事人在首次开庭前不予否认的，经仲裁庭提示并记录，视为当事人之间存在仲裁协议。

第二十八条 有下列情形之一的，仲裁协议无效：

（一）约定的仲裁事项超出法律规定的仲裁范围；

（二）无民事行为能力人或者限制民事行为能力人订立的仲裁协议；

（三）一方采取胁迫手段，迫使对方订立仲裁协议。

第二十九条 仲裁协议对仲裁事项或者仲裁机构没有约定或者约定不明确的，当事人可以补充协议；达不成补充协议的，仲裁协议无效。

第三十条 仲裁协议独立存在。合同是否成立及其变更、不生效、终止、被撤销或者无效，不影响已经达成的仲裁协议的效力。

仲裁庭有权确认合同的效力。

第三十一条 当事人对仲裁协议的效力有异议的，可以请求仲裁机构或者仲裁庭作出决定，也可以请求人民法院作出裁定。一方请求仲裁机构或者仲裁庭作出决定，另一方请求人民法院作出裁定的，由人民法院裁定。

当事人对仲裁协议的效力有异议，应当在仲裁庭首次开庭前提出。

第四章 仲裁程序

第一节 申请和受理

第三十二条 当事人申请仲裁应当符合下列条件：

（一）有仲裁协议；

（二）有具体的仲裁请求和事实、理由；

（三）属于仲裁机构的受理范围。

第三十三条 当事人申请仲裁，应当向仲裁机构递交仲裁协议、仲裁申请书及副本。

第三十四条 仲裁申请书应当载明下列事项：

（一）当事人的姓名、性别、年龄、职业、工作单位、住所、联系方式，法人或者非法人组织的名称、住所和法定代表人或者主要负责人的姓名、职务、联系方式；

（二）仲裁请求和所根据的事实与理由；

（三）证据和证据来源，证人姓名和住所。

第三十五条 仲裁机构收到仲裁申请书之日起五日内，认为符合受理条件的，应当受理，并通知申请人；认为不符合受理条件的，应当书面通知申请人不予受理，并说明理由。

第三十六条 仲裁机构受理仲裁申请后，应当在仲裁规则规定的期限内将仲裁规则和仲裁员名册送达申请人，并将仲裁申请书副本和仲裁规则、仲裁员名册送达被申请人。

被申请人收到仲裁申请书副本后，应当在仲裁规则规定的期限内向仲裁机构提交答辩书。仲裁机构收到答辩书后，应当在仲裁规则规定的期限内将答辩书副本送达申请人。被申请人未提交答辩书的，不影响仲裁程序的进行。

第三十七条 当事人达成仲裁协议，一方向人民法院提起诉讼未声明有仲裁协议，人民法院受理后，另一方在首次开庭前提交仲裁协议的，人民法院应当驳回起诉，但仲裁协议无效或者法律另有规定的除外；另一方在首次开庭前未对人民法院受理该案提出异议的，视为放弃仲裁协议，人民法院应当继续审理。

第三十八条 申请人可以放弃或者变更仲裁请求。被申请人可以承认或者反驳仲裁请求，有权提出反请求。

第三十九条 一方当事人因另一方当事人的行为或者其他原因，可能使裁决难以执行或者造成当事人其他损害的，可以申请财产保全、请求责令另一方当事人作出一定行为或者禁止其作出一定行为。当事人申请保全的，仲裁机构应当将当事人的申请依照《中华人民共和国民事诉讼法》的有关规定提交人民法院，人民法院应当依法及时处理。

因情况紧急，仲裁协议的当事人可以在申请仲裁前依照《中华人民共和国民事诉讼法》的有关规定向人民法院申请财产保全、请求责令另一方当事人作出一定行为或者禁止其作出一定行为。当事人申请保全的，人民法院应当依法及时处理。

申请有错误的，申请人应当赔偿被申请人因保全所遭受的损失。

第四十条 当事人、法定代理人可以委托律师和其他代理人进行仲裁活动。委托律师和其他代理人进行仲裁活动的，应当向仲裁机构提交授权委托书。

第四十一条 仲裁文件应当以当事人约定的合理方式送达；当事人没有约定或者约定不明确的，按照仲裁规则规定的方式送达。

第二节 仲裁庭的组成

第四十二条 仲裁庭可以由三名仲裁员或者一名仲裁员组成。由三名仲裁员组成的，设首席仲裁员。

第四十三条 当事人约定由三名仲裁员组成仲裁庭的，应当各自选定或者各自委托仲裁机构主任按照仲裁规则确定的程序指定一名仲裁员；第三名仲裁员由当事人共同选定，也可以由当事人共同委托仲裁机构主任按照仲裁规则确定的程序指定。当事人约定第三名仲裁员由其各自选定的仲裁员共同选定的，从其约定。第三名仲裁员是首席仲裁员。

当事人约定由一名仲裁员成立仲裁庭的，仲裁员由当事人共同选定，也可以由当事人共同委托仲裁机构主任按照仲裁规则确定的程序指定。

第四十四条 当事人没有在仲裁规则规定的期限内约定仲裁庭的组成方式或者选定仲裁员的，由仲裁机构主任按照仲裁规则确定的程序确定或者指定。

第四十五条　仲裁员存在可能导致当事人对其独立性、公正性产生合理怀疑情形的，该仲裁员应当及时向仲裁机构书面披露。

仲裁机构应当将仲裁员书面披露情况、仲裁庭的组成情况书面通知当事人。

第四十六条　仲裁员有下列情形之一的，必须回避，当事人也有权提出回避申请：

（一）是本案当事人、代理人，或者当事人、代理人的近亲属；

（二）与本案有利害关系；

（三）与本案当事人、代理人有其他关系，可能影响公正仲裁；

（四）私自会见当事人、代理人，或者接受当事人、代理人的请客送礼。

第四十七条　当事人提出回避申请，应当说明理由，在首次开庭前提出。回避事由在首次开庭后知道的，可以在最后一次开庭终结前提出。

第四十八条　仲裁员是否回避，由仲裁机构主任决定；仲裁机构主任担任仲裁员时，其是否回避由仲裁机构的其他组成人员集体决定。

第四十九条　仲裁员因回避或者其他原因不能履行职责的，应当依照本法规定重新选定或者指定仲裁员。

因回避而重新选定或者指定仲裁员后，当事人可以请求已进行的仲裁程序重新进行，是否准许，由仲裁庭决定；仲裁庭也可以自行决定已进行的仲裁程序是否重新进行。

第五十条　仲裁员有本法第四十六条第四项规定的情形，情节严重的，或者有本法第七十一条第一款第六项规定的情形的，应当依法承担法律责任，仲裁机构应当将其除名。

第三节　开庭和裁决

第五十一条　仲裁应当开庭进行。当事人协议不开庭的，仲裁庭可以根据仲裁申请书、答辩书以及其他材料作出裁决。

第五十二条 仲裁不公开进行。当事人协议公开的，可以公开进行，但涉及国家秘密、他人的商业秘密或者个人隐私的除外。

第五十三条 仲裁机构应当在仲裁规则规定的期限内将开庭日期通知双方当事人。当事人有正当理由的，可以在仲裁规则规定的期限内请求延期开庭。是否延期，由仲裁庭决定。

第五十四条 申请人经书面通知，无正当理由不到庭或者未经仲裁庭许可中途退庭的，可以视为撤回仲裁申请。

被申请人经书面通知，无正当理由不到庭或者未经仲裁庭许可中途退庭的，可以缺席裁决。

第五十五条 当事人应当对自己的主张提供证据。

仲裁庭认为有必要收集的证据，可以自行收集；必要时，可以请求有关方面依法予以协助。

第五十六条 当事人可以就查明事实的专门性问题向仲裁庭申请鉴定。仲裁庭根据当事人的申请或者自行判断认为对专门性问题需要鉴定的，可以交由当事人约定的鉴定人鉴定，也可以由仲裁庭指定的鉴定人鉴定。

根据当事人的请求或者仲裁庭的要求，经仲裁庭通知，鉴定人应当参加开庭。当事人经仲裁庭许可，可以向鉴定人提问。

第五十七条 证据应当在开庭时出示，当事人可以质证。

第五十八条 在证据可能灭失或者以后难以取得的情况下，当事人可以申请证据保全。当事人申请证据保全的，仲裁机构应当将当事人的申请提交证据所在地的基层人民法院，人民法院应当依法及时处理。

因情况紧急，仲裁协议的当事人可以在申请仲裁前依照《中华人民共和国民事诉讼法》的有关规定向人民法院申请证据保全。当事人申请证据保全的，人民法院应当依法及时处理。

第五十九条 当事人在仲裁过程中有权进行辩论。辩论终结时，首席仲裁员或者独任仲裁员应当征询当事人的最后意见。

第六十条　仲裁庭应当将开庭情况记入笔录。当事人和其他仲裁参与人认为对自己陈述的记录有遗漏或者差错的，有权申请补正。如果不予补正，应当记录该申请。

笔录由仲裁员、记录人员、当事人和其他仲裁参与人签名或者盖章。

第六十一条　仲裁庭发现当事人单方捏造基本事实申请仲裁或者当事人之间恶意串通，企图通过仲裁方式侵害国家利益、社会公共利益或者他人合法权益的，应当驳回其仲裁请求。

第六十二条　当事人申请仲裁后，可以自行和解。达成和解协议的，可以请求仲裁庭根据和解协议作出裁决书，也可以撤回仲裁申请。

第六十三条　当事人达成和解协议，撤回仲裁申请后反悔的，可以根据仲裁协议申请仲裁。

第六十四条　仲裁庭在作出裁决前，可以先行调解。当事人自愿调解的，仲裁庭应当调解。调解不成的，应当及时作出裁决。

调解达成协议的，仲裁庭应当制作调解书或者根据协议的结果制作裁决书。调解书与裁决书具有同等法律效力。

第六十五条　调解书应当写明仲裁请求和当事人协议的结果。调解书由仲裁员签名，加盖仲裁机构印章，送达双方当事人。

调解书经双方当事人签收后，即发生法律效力。

在调解书签收前当事人反悔的，仲裁庭应当及时作出裁决。

第六十六条　裁决应当按照多数仲裁员的意见作出，少数仲裁员的不同意见可以记入笔录。仲裁庭不能形成多数意见时，裁决应当按照首席仲裁员的意见作出。

第六十七条　裁决书应当写明仲裁请求、争议事实、裁决理由、裁决结果、仲裁费用的负担和裁决日期。当事人协议不愿写明争议事实和裁决理由的，可以不写。裁决书由仲裁员签名，加盖仲裁机构印章。对裁决持不同意见的仲裁员，可以签名，也可以不签名。

第六十八条 仲裁庭仲裁纠纷时，其中一部分事实已经清楚，可以就该部分先行裁决。

第六十九条 对裁决书中的文字、计算错误或者仲裁庭已经裁决但在裁决书中遗漏的事项，仲裁庭应当补正；当事人自收到裁决书之日起三十日内，可以请求仲裁庭补正。

第七十条 裁决书自作出之日起发生法律效力。

第五章 申请撤销裁决

第七十一条 当事人提出证据证明裁决有下列情形之一的，可以向仲裁机构所在地的中级人民法院申请撤销裁决：

（一）没有仲裁协议；

（二）裁决的事项不属于仲裁协议的范围或者仲裁机构无权仲裁；

（三）仲裁庭的组成或者仲裁的程序违反法定程序；

（四）裁决所根据的证据是伪造的；

（五）对方当事人隐瞒了足以影响公正裁决的证据；

（六）仲裁员在仲裁该案时有索贿受贿、徇私舞弊、枉法裁决行为。

人民法院经组成合议庭审查核实裁决有前款规定情形之一的，应当裁定撤销。

人民法院认定该裁决违背公共利益的，应当裁定撤销。

第七十二条 当事人申请撤销裁决的，应当自收到裁决书之日起三个月内提出。

第七十三条 人民法院应当在受理撤销裁决申请之日起两个月内作出撤销裁决或者驳回申请的裁定。

第七十四条 人民法院受理撤销裁决的申请后，认为可以由仲裁庭重新仲裁的，通知仲裁庭在一定期限内重新仲裁，并裁定中止撤销程序。仲裁庭开始重新仲裁的，人民法院应当裁定终结撤销程序。仲裁庭拒绝重新仲裁的，人民法院应当裁定恢复撤销程序。

第六章　执　　行

第七十五条　当事人应当履行裁决。一方当事人不履行的，另一方当事人可以依照《中华人民共和国民事诉讼法》的有关规定向人民法院申请执行。受申请的人民法院应当执行。

第七十六条　被申请人提出证据证明裁决有本法第七十一条第一款规定的情形之一的，经人民法院组成合议庭审查核实，裁定不予执行。

人民法院认定执行该裁决违背公共利益的，应当裁定不予执行。

第七十七条　一方当事人申请执行裁决，另一方当事人申请撤销裁决的，人民法院应当裁定中止执行。

人民法院裁定撤销裁决的，应当裁定终结执行。撤销裁决的申请被裁定驳回的，人民法院应当裁定恢复执行。

第七章　涉外仲裁的特别规定

第七十八条　涉外经济贸易、运输、海事纠纷以及其他涉外纠纷的仲裁，适用本章规定；本章没有规定的，适用本法其他有关规定。

第七十九条　涉外仲裁的当事人申请证据保全的，仲裁机构应当将当事人的申请提交证据所在地的中级人民法院，人民法院应当依法及时处理。

第八十条　涉外仲裁的仲裁庭可以将开庭情况记入笔录，或者作出笔录要点，笔录要点可以由当事人和其他仲裁参与人签名或者盖章。

第八十一条　当事人可以书面约定仲裁地。除当事人对仲裁程序的适用法另有约定外，以仲裁地作为仲裁程序的适用法及司法管辖法院的确定依据。仲裁裁决视为在仲裁地作出。

当事人对仲裁地没有约定或者约定不明确的，根据当事人约定的仲裁规则确定仲裁地；仲裁规则没有规定的，由仲裁庭根据案件情况，按照便利争议解决的原则确定仲裁地。

第八十二条 涉外海事纠纷或者在经国务院批准设立的自由贸易试验区、海南自由贸易港以及国家规定的其他区域内设立登记的企业之间发生的涉外纠纷，当事人书面约定仲裁的，可以选择由仲裁机构进行；也可以选择以中华人民共和国为仲裁地，由符合本法规定条件的人员组成仲裁庭按照约定的仲裁规则进行，该仲裁庭应当在组庭后三个工作日内将当事人名称、仲裁地、仲裁庭的组成情况、仲裁规则向仲裁协会备案。

当事人申请财产保全、证据保全、请求责令另一方当事人作出一定行为或者禁止其作出一定行为的，仲裁庭应当依法将当事人的申请提交人民法院，人民法院应当依法及时处理。

第八十三条 当事人提出证据证明涉外仲裁裁决有下列情形之一的，经人民法院组成合议庭审查核实，裁定撤销：

（一）没有仲裁协议；

（二）被申请人没有得到指定仲裁员或者进行仲裁程序的通知，或者由于其他不属于被申请人负责的原因未能陈述意见；

（三）仲裁庭的组成或者仲裁的程序与仲裁规则不符；

（四）裁决的事项不属于仲裁协议的范围或者仲裁机构无权仲裁。

人民法院认定该裁决违背公共利益的，应当裁定撤销。

第八十四条 被申请人提出证据证明涉外仲裁裁决有本法第八十三条第一款规定的情形之一的，经人民法院组成合议庭审查核实，裁定不予执行。

人民法院认定执行该裁决违背公共利益的，应当裁定不予执行。

第八十五条 在中华人民共和国领域内作出的发生法律效力的仲裁裁决，当事人请求执行的，如果被执行人或者其财产不在中华人民共和国领域内，当事人可以直接向有管辖权的外国法院申请承认和执行。

第八十六条 支持仲裁机构到中华人民共和国境外设立业务机构，开展仲裁活动。

根据经济社会发展和改革开放需要，可以允许境外仲裁机构在国务院批准设立的自由贸易试验区、海南自由贸易港等区域内依照国家有关规定设立业务机构，开展涉外仲裁活动。

第八十七条 鼓励涉外仲裁当事人选择中华人民共和国（包括特别行政区）的仲裁机构、约定中华人民共和国（包括特别行政区）作为仲裁地进行仲裁。

第八十八条 在中华人民共和国领域外作出的发生法律效力的仲裁裁决，需要人民法院承认和执行的，当事人可以直接向被执行人住所地或者其财产所在地的中级人民法院申请。被执行人住所地或者其财产不在中华人民共和国领域内的，当事人可以向申请人住所地或者与裁决的纠纷有适当联系的地点的中级人民法院申请。人民法院应当依照中华人民共和国缔结或者参加的国际条约，或者按照互惠原则办理。

外国仲裁机构对中华人民共和国的公民、法人和其他组织的合法权益加以限制、歧视的，中华人民共和国有关机构有权对该国公民、企业和其他组织实行对等原则。

第八章　附　　则

第八十九条 本法所称的仲裁机构包括依法设立的仲裁委员会、仲裁院等机构。

第九十条 法律对仲裁时效有规定的，依照其规定；没有规定的，适用诉讼时效的规定。

第九十一条 仲裁机构依照本法和《中华人民共和国民事诉讼法》的有关规定，可以参照中国仲裁协会制定的示范仲裁规则制定仲裁规则。

第九十二条 当事人应当按照规定交纳仲裁费用。

仲裁机构根据国家有关规定，制定收取仲裁费用的办法。

第九十三条 劳动争议仲裁、农村土地承包经营纠纷仲裁和体育仲裁等，适用《中华人民共和国劳动争议调解仲裁法》、《中华人民共和国农村土地承包经营纠纷调解仲裁法》、《中华人民共和国体育法》等有关法律的规定。

第九十四条 仲裁机构、仲裁庭可以依照有关国际投资条约、协定关于将投资争端提交仲裁的规定，按照争议双方约定的仲裁规则办理国际投资仲裁案件。

第九十五条 违反仲裁机构登记管理规定的，依照有关法律、行政法规的规定处理。

第九十六条 本法自2026年3月1日起施行。

中华人民共和国民法典（节录）

（2020年5月28日第十三届全国人民代表大会第三次会议通过　2020年5月28日中华人民共和国主席令第45号公布　自2021年1月1日起施行）

……

第一百四十七条 基于重大误解实施的民事法律行为，行为人有权请求人民法院或者仲裁机构予以撤销。

第一百四十八条 一方以欺诈手段，使对方在违背真实意思的情况下实施的民事法律行为，受欺诈方有权请求人民法院或者仲裁机构予以撤销。

第一百四十九条 第三人实施欺诈行为，使一方在违背真实意思的情况下实施的民事法律行为，对方知道或者应当知道该欺诈行为的，受欺诈方有权请求人民法院或者仲裁机构予以撤销。

第一百五十条 一方或者第三人以胁迫手段，使对方在违背真实意思的情况下实施的民事法律行为，受胁迫方有权请求人民法院或者仲裁机构予以撤销。

第一百五十一条 一方利用对方处于危困状态、缺乏判断能力等情形，致使民事法律行为成立时显失公平的，受损害方有权请求人民法院或者仲裁机构予以撤销。

……

第一百九十五条 有下列情形之一的，诉讼时效中断，从中断、有关程序终结时起，诉讼时效期间重新计算：

（一）权利人向义务人提出履行请求；

（二）义务人同意履行义务；

（三）权利人提起诉讼或者申请仲裁；

（四）与提起诉讼或者申请仲裁具有同等效力的其他情形。

……

第一百九十八条 法律对仲裁时效有规定的，依照其规定；没有规定的，适用诉讼时效的规定。

……

第二百二十九条 因人民法院、仲裁机构的法律文书或者人民政府的征收决定等，导致物权设立、变更、转让或者消灭的，自法律文书或者征收决定等生效时发生效力。

……

第二百三十三条 物权受到侵害的，权利人可以通过和解、调解、仲裁、诉讼等途径解决。

……

第五百三十三条 合同成立后，合同的基础条件发生了当事人在订立合同时无法预见的、不属于商业风险的重大变化，继续履行合同对于当事人一方明显不公平的，受不利影响的当事人可以与对方重新协商；在合理期限内协商不成的，当事人可以请求人民法院或者仲裁机构变更或者解除合同。

人民法院或者仲裁机构应当结合案件的实际情况，根据公平原则变更或者解除合同。

……

第五百六十五条 当事人一方依法主张解除合同的，应当通知对方。合同自通知到达对方时解除；通知载明债务人在一定期限内不履行债务则合同自动解除，债务人在该期限内未履行债务的，合同自通知载明的期限届满时解除。对方对解除合同有异议的，任何一方当事人均可以请求人民法院或者仲裁机构确认解除行为的效力。

当事人一方未通知对方，直接以提起诉讼或者申请仲裁的方式依法主张解除合同，人民法院或者仲裁机构确认该主张的，合同自起诉状副本或者仲裁申请书副本送达对方时解除。

……

第五百八十条 当事人一方不履行非金钱债务或者履行非金钱债务不符合约定的，对方可以请求履行，但是有下列情形之一的除外：

（一）法律上或者事实上不能履行；

（二）债务的标的不适于强制履行或者履行费用过高；

（三）债权人在合理期限内未请求履行。

有前款规定的除外情形之一，致使不能实现合同目的的，人民法院或者仲裁机构可以根据当事人的请求终止合同权利义务关系，但是不影响违约责任的承担。

……

第五百八十五条 当事人可以约定一方违约时应当根据违约情况向对方支付一定数额的违约金，也可以约定因违约产生的损失赔偿额的计算方法。

约定的违约金低于造成的损失的，人民法院或者仲裁机构可以根据当事人的请求予以增加；约定的违约金过分高于造成的损失的，人民法院或者仲裁机构可以根据当事人的请求予以适当减少。

当事人就迟延履行约定违约金的，违约方支付违约金后，还应当履行债务。

……

第五百九十四条　因国际货物买卖合同和技术进出口合同争议提起诉讼或者申请仲裁的时效期间为四年。

……

第六百八十七条　当事人在保证合同中约定，债务人不能履行债务时，由保证人承担保证责任的，为一般保证。

一般保证的保证人在主合同纠纷未经审判或者仲裁，并就债务人财产依法强制执行仍不能履行债务前，有权拒绝向债权人承担保证责任，但是有下列情形之一的除外：

（一）债务人下落不明，且无财产可供执行；

（二）人民法院已经受理债务人破产案件；

（三）债权人有证据证明债务人的财产不足以履行全部债务或者丧失履行债务能力；

（四）保证人书面表示放弃本款规定的权利。

……

第六百九十三条　一般保证的债权人未在保证期间对债务人提起诉讼或者申请仲裁的，保证人不再承担保证责任。

连带责任保证的债权人未在保证期间请求保证人承担保证责任的，保证人不再承担保证责任。

第六百九十四条　一般保证的债权人在保证期间届满前对债务人提起诉讼或者申请仲裁的，从保证人拒绝承担保证责任的权利消灭之日起，开始计算保证债务的诉讼时效。

连带责任保证的债权人在保证期间届满前请求保证人承担保证责任的，从债权人请求保证人承担保证责任之日起，开始计算保证债务的诉讼时效。

……

第九百四十四条　业主应当按照约定向物业服务人支付物业费。

物业服务人已经按照约定和有关规定提供服务的，业主不得以未接受或者无需接受相关物业服务为由拒绝支付物业费。

业主违反约定逾期不支付物业费的，物业服务人可以催告其在合理期限内支付；合理期限届满仍不支付的，物业服务人可以提起诉讼或者申请仲裁。

物业服务人不得采取停止供电、供水、供热、供燃气等方式催交物业费。

……

中华人民共和国民事诉讼法（节录）

（1991 年 4 月 9 日第七届全国人民代表大会第四次会议通过　根据 2007 年 10 月 28 日第十届全国人民代表大会常务委员会第三十次会议《关于修改〈中华人民共和国民事诉讼法〉的决定》第一次修正　根据 2012 年 8 月 31 日第十一届全国人民代表大会常务委员会第二十八次会议《关于修改〈中华人民共和国民事诉讼法〉的决定》第二次修正　根据 2017 年 6 月 27 日第十二届全国人民代表大会常务委员会第二十八次会议《关于修改〈中华人民共和国民事诉讼法〉和〈中华人民共和国行政诉讼法〉的决定》第三次修正　根据 2021 年 12 月 24 日第十三届全国人民代表大会常务委员会第三十二次会议《关于修改〈中华人民共和国民事诉讼法〉的决定》第四次修正　根据 2023 年 9 月 1 日第十四届全国人民代表大会常务委员会第五次会议《关于修改〈中华人民共和国民事诉讼法〉的决定》第五次修正）

……

第二章　管　　辖

第一节　级别管辖

第十八条　基层人民法院管辖第一审民事案件，但本法另有规定的除外。

第十九条　中级人民法院管辖下列第一审民事案件：

（一）重大涉外案件；

（二）在本辖区有重大影响的案件；

（三）最高人民法院确定由中级人民法院管辖的案件。

第二十条　高级人民法院管辖在本辖区有重大影响的第一审民事案件。

第二十一条　最高人民法院管辖下列第一审民事案件：

（一）在全国有重大影响的案件；

（二）认为应当由本院审理的案件。

第二节　地域管辖

第二十二条　对公民提起的民事诉讼，由被告住所地人民法院管辖；被告住所地与经常居住地不一致的，由经常居住地人民法院管辖。

对法人或者其他组织提起的民事诉讼，由被告住所地人民法院管辖。

同一诉讼的几个被告住所地、经常居住地在两个以上人民法院辖区的，各该人民法院都有管辖权。

第二十三条　下列民事诉讼，由原告住所地人民法院管辖；原告住所地与经常居住地不一致的，由原告经常居住地人民法院管辖：

（一）对不在中华人民共和国领域内居住的人提起的有关身份关系的诉讼；

（二）对下落不明或者宣告失踪的人提起的有关身份关系的诉讼；

（三）对被采取强制性教育措施的人提起的诉讼；

（四）对被监禁的人提起的诉讼。

第二十四条 因合同纠纷提起的诉讼，由被告住所地或者合同履行地人民法院管辖。

第二十五条 因保险合同纠纷提起的诉讼，由被告住所地或者保险标的物所在地人民法院管辖。

第二十六条 因票据纠纷提起的诉讼，由票据支付地或者被告住所地人民法院管辖。

第二十七条 因公司设立、确认股东资格、分配利润、解散等纠纷提起的诉讼，由公司住所地人民法院管辖。

第二十八条 因铁路、公路、水上、航空运输和联合运输合同纠纷提起的诉讼，由运输始发地、目的地或者被告住所地人民法院管辖。

第二十九条 因侵权行为提起的诉讼，由侵权行为地或者被告住所地人民法院管辖。

第三十条 因铁路、公路、水上和航空事故请求损害赔偿提起的诉讼，由事故发生地或者车辆、船舶最先到达地、航空器最先降落地或者被告住所地人民法院管辖。

第三十一条 因船舶碰撞或者其他海事损害事故请求损害赔偿提起的诉讼，由碰撞发生地、碰撞船舶最先到达地、加害船舶被扣留地或者被告住所地人民法院管辖。

第三十二条 因海难救助费用提起的诉讼，由救助地或者被救助船舶最先到达地人民法院管辖。

第三十三条 因共同海损提起的诉讼，由船舶最先到达地、共同海损理算地或者航程终止地的人民法院管辖。

第三十四条 下列案件，由本条规定的人民法院专属管辖：

（一）因不动产纠纷提起的诉讼，由不动产所在地人民法院管辖；

（二）因港口作业中发生纠纷提起的诉讼，由港口所在地人民法院管辖；

（三）因继承遗产纠纷提起的诉讼，由被继承人死亡时住所地或者主要遗产所在地人民法院管辖。

第三十五条　合同或者其他财产权益纠纷的当事人可以书面协议选择被告住所地、合同履行地、合同签订地、原告住所地、标的物所在地等与争议有实际联系的地点的人民法院管辖，但不得违反本法对级别管辖和专属管辖的规定。

第三十六条　两个以上人民法院都有管辖权的诉讼，原告可以向其中一个人民法院起诉；原告向两个以上有管辖权的人民法院起诉的，由最先立案的人民法院管辖。

第三节　移送管辖和指定管辖

第三十七条　人民法院发现受理的案件不属于本院管辖的，应当移送有管辖权的人民法院，受移送的人民法院应当受理。受移送的人民法院认为受移送的案件依照规定不属于本院管辖的，应当报请上级人民法院指定管辖，不得再自行移送。

第三十八条　有管辖权的人民法院由于特殊原因，不能行使管辖权的，由上级人民法院指定管辖。

人民法院之间因管辖权发生争议，由争议双方协商解决；协商解决不了的，报请它们的共同上级人民法院指定管辖。

第三十九条　上级人民法院有权审理下级人民法院管辖的第一审民事案件；确有必要将本院管辖的第一审民事案件交下级人民法院审理的，应当报请其上级人民法院批准。

下级人民法院对它所管辖的第一审民事案件，认为需要由上级人民法院审理的，可以报请上级人民法院审理。

第三章　审判组织

第四十条　人民法院审理第一审民事案件，由审判员、人民陪审员共同组成合议庭或者由审判员组成合议庭。合议庭的成员人数，必须是单数。

适用简易程序审理的民事案件，由审判员一人独任审理。基层人民法院审理的基本事实清楚、权利义务关系明确的第一审民事案件，可以由审判员一人适用普通程序独任审理。

人民陪审员在参加审判活动时，除法律另有规定外，与审判员有同等的权利义务。

第四十一条　人民法院审理第二审民事案件，由审判员组成合议庭。合议庭的成员人数，必须是单数。

中级人民法院对第一审适用简易程序审结或者不服裁定提起上诉的第二审民事案件，事实清楚、权利义务关系明确的，经双方当事人同意，可以由审判员一人独任审理。

发回重审的案件，原审人民法院应当按照第一审程序另行组成合议庭。

审理再审案件，原来是第一审的，按照第一审程序另行组成合议庭；原来是第二审的或者是上级人民法院提审的，按照第二审程序另行组成合议庭。

第四十二条　人民法院审理下列民事案件，不得由审判员一人独任审理：

（一）涉及国家利益、社会公共利益的案件；

（二）涉及群体性纠纷，可能影响社会稳定的案件；

（三）人民群众广泛关注或者其他社会影响较大的案件；

（四）属于新类型或者疑难复杂的案件；

（五）法律规定应当组成合议庭审理的案件；

（六）其他不宜由审判员一人独任审理的案件。

第四十三条　人民法院在审理过程中，发现案件不宜由审判员一人独任审理的，应当裁定转由合议庭审理。

当事人认为案件由审判员一人独任审理违反法律规定的，可以向人民法院提出异议。人民法院对当事人提出的异议应当审查，异议成立的，裁定转由合议庭审理；异议不成立的，裁定驳回。

第四十四条　合议庭的审判长由院长或者庭长指定审判员一人担任；院长或者庭长参加审判的，由院长或者庭长担任。

第四十五条　合议庭评议案件，实行少数服从多数的原则。评议应当制作笔录，由合议庭成员签名。评议中的不同意见，必须如实记入笔录。

第四十六条　审判人员应当依法秉公办案。

审判人员不得接受当事人及其诉讼代理人请客送礼。

审判人员有贪污受贿，徇私舞弊，枉法裁判行为的，应当追究法律责任；构成犯罪的，依法追究刑事责任。

第四章　回　　避

第四十七条　审判人员有下列情形之一的，应当自行回避，当事人有权用口头或者书面方式申请他们回避：

（一）是本案当事人或者当事人、诉讼代理人近亲属的；

（二）与本案有利害关系的；

（三）与本案当事人、诉讼代理人有其他关系，可能影响对案件公正审理的。

审判人员接受当事人、诉讼代理人请客送礼，或者违反规定会见当事人、诉讼代理人的，当事人有权要求他们回避。

审判人员有前款规定的行为的，应当依法追究法律责任。

前三款规定，适用于法官助理、书记员、司法技术人员、翻译人员、鉴定人、勘验人。

第四十八条　当事人提出回避申请，应当说明理由，在案件开始审理时提出；回避事由在案件开始审理后知道的，也可以在法庭辩论终结前提出。

被申请回避的人员在人民法院作出是否回避的决定前，应当暂停参与本案的工作，但案件需要采取紧急措施的除外。

第四十九条 院长担任审判长或者独任审判员时的回避，由审判委员会决定；审判人员的回避，由院长决定；其他人员的回避，由审判长或者独任审判员决定。

第五十条 人民法院对当事人提出的回避申请，应当在申请提出的三日内，以口头或者书面形式作出决定。申请人对决定不服的，可以在接到决定时申请复议一次。复议期间，被申请回避的人员，不停止参与本案的工作。人民法院对复议申请，应当在三日内作出复议决定，并通知复议申请人。

第五章 诉讼参加人

第一节 当 事 人

第五十一条 公民、法人和其他组织可以作为民事诉讼的当事人。

法人由其法定代表人进行诉讼。其他组织由其主要负责人进行诉讼。

第五十二条 当事人有权委托代理人，提出回避申请，收集、提供证据，进行辩论，请求调解，提起上诉，申请执行。

当事人可以查阅本案有关材料，并可以复制本案有关材料和法律文书。查阅、复制本案有关材料的范围和办法由最高人民法院规定。

当事人必须依法行使诉讼权利，遵守诉讼秩序，履行发生法律效力的判决书、裁定书和调解书。

第五十三条 双方当事人可以自行和解。

第五十四条 原告可以放弃或者变更诉讼请求。被告可以承认或者反驳诉讼请求，有权提起反诉。

第五十五条　当事人一方或者双方为二人以上，其诉讼标的是共同的，或者诉讼标的是同一种类、人民法院认为可以合并审理并经当事人同意的，为共同诉讼。

共同诉讼的一方当事人对诉讼标的有共同权利义务的，其中一人的诉讼行为经其他共同诉讼人承认，对其他共同诉讼人发生效力；对诉讼标的没有共同权利义务的，其中一人的诉讼行为对其他共同诉讼人不发生效力。

第五十六条　当事人一方人数众多的共同诉讼，可以由当事人推选代表人进行诉讼。代表人的诉讼行为对其所代表的当事人发生效力，但代表人变更、放弃诉讼请求或者承认对方当事人的诉讼请求，进行和解，必须经被代表的当事人同意。

第五十七条　诉讼标的是同一种类、当事人一方人数众多在起诉时人数尚未确定的，人民法院可以发出公告，说明案件情况和诉讼请求，通知权利人在一定期间向人民法院登记。

向人民法院登记的权利人可以推选代表人进行诉讼；推选不出代表人的，人民法院可以与参加登记的权利人商定代表人。

代表人的诉讼行为对其所代表的当事人发生效力，但代表人变更、放弃诉讼请求或者承认对方当事人的诉讼请求，进行和解，必须经被代表的当事人同意。

人民法院作出的判决、裁定，对参加登记的全体权利人发生效力。未参加登记的权利人在诉讼时效期间提起诉讼的，适用该判决、裁定。

第五十八条　对污染环境、侵害众多消费者合法权益等损害社会公共利益的行为，法律规定的机关和有关组织可以向人民法院提起诉讼。

人民检察院在履行职责中发现破坏生态环境和资源保护、食品药品安全领域侵害众多消费者合法权益等损害社会公共利益的行为，在没有前款规定的机关和组织或者前款规定的机关和组织不提起诉讼的情况下，可以向人民法院提起诉讼。前款规定的机关或者组织提起诉讼的，人民检察院可以支持起诉。

第五十九条 对当事人双方的诉讼标的，第三人认为有独立请求权的，有权提起诉讼。

对当事人双方的诉讼标的，第三人虽然没有独立请求权，但案件处理结果同他有法律上的利害关系的，可以申请参加诉讼，或者由人民法院通知他参加诉讼。人民法院判决承担民事责任的第三人，有当事人的诉讼权利义务。

前两款规定的第三人，因不能归责于本人的事由未参加诉讼，但有证据证明发生法律效力的判决、裁定、调解书的部分或者全部内容错误，损害其民事权益的，可以自知道或者应当知道其民事权益受到损害之日起六个月内，向作出该判决、裁定、调解书的人民法院提起诉讼。人民法院经审理，诉讼请求成立的，应当改变或者撤销原判决、裁定、调解书；诉讼请求不成立的，驳回诉讼请求。

第二节 诉讼代理人

第六十条 无诉讼行为能力人由他的监护人作为法定代理人代为诉讼。法定代理人之间互相推诿代理责任的，由人民法院指定其中一人代为诉讼。

第六十一条 当事人、法定代理人可以委托一至二人作为诉讼代理人。

下列人员可以被委托为诉讼代理人：

（一）律师、基层法律服务工作者；

（二）当事人的近亲属或者工作人员；

（三）当事人所在社区、单位以及有关社会团体推荐的公民。

第六十二条 委托他人代为诉讼，必须向人民法院提交由委托人签名或者盖章的授权委托书。

授权委托书必须记明委托事项和权限。诉讼代理人代为承认、放弃、变更诉讼请求，进行和解，提起反诉或者上诉，必须有委托人的特别授权。

侨居在国外的中华人民共和国公民从国外寄交或者托交的授权委托书，必须经中华人民共和国驻该国的使领馆证明；没有使领馆的，由与中华人民共和国有外交关系的第三国驻该国的使领馆证明，再转由中华人民共和国驻该第三国使领馆证明，或者由当地的爱国华侨团体证明。

第六十三条　诉讼代理人的权限如果变更或者解除，当事人应当书面告知人民法院，并由人民法院通知对方当事人。

第六十四条　代理诉讼的律师和其他诉讼代理人有权调查收集证据，可以查阅本案有关材料。查阅本案有关材料的范围和办法由最高人民法院规定。

第六十五条　离婚案件有诉讼代理人的，本人除不能表达意思的以外，仍应出庭；确因特殊情况无法出庭的，必须向人民法院提交书面意见。

第六章　证　　据

第六十六条　证据包括：

（一）当事人的陈述；

（二）书证；

（三）物证；

（四）视听资料；

（五）电子数据；

（六）证人证言；

（七）鉴定意见；

（八）勘验笔录。

证据必须查证属实，才能作为认定事实的根据。

第六十七条　当事人对自己提出的主张，有责任提供证据。

当事人及其诉讼代理人因客观原因不能自行收集的证据，或者人民法院认为审理案件需要的证据，人民法院应当调查收集。

人民法院应当按照法定程序，全面地、客观地审查核实证据。

第六十八条 当事人对自己提出的主张应当及时提供证据。

人民法院根据当事人的主张和案件审理情况，确定当事人应当提供的证据及其期限。当事人在该期限内提供证据确有困难的，可以向人民法院申请延长期限，人民法院根据当事人的申请适当延长。当事人逾期提供证据的，人民法院应当责令其说明理由；拒不说明理由或者理由不成立的，人民法院根据不同情形可以不予采纳该证据，或者采纳该证据但予以训诫、罚款。

第六十九条 人民法院收到当事人提交的证据材料，应当出具收据，写明证据名称、页数、份数、原件或者复印件以及收到时间等，并由经办人员签名或者盖章。

第七十条 人民法院有权向有关单位和个人调查取证，有关单位和个人不得拒绝。

人民法院对有关单位和个人提出的证明文书，应当辨别真伪，审查确定其效力。

第七十一条 证据应当在法庭上出示，并由当事人互相质证。对涉及国家秘密、商业秘密和个人隐私的证据应当保密，需要在法庭出示的，不得在公开开庭时出示。

第七十二条 经过法定程序公证证明的法律事实和文书，人民法院应当作为认定事实的根据，但有相反证据足以推翻公证证明的除外。

第七十三条 书证应当提交原件。物证应当提交原物。提交原件或者原物确有困难的，可以提交复制品、照片、副本、节录本。

提交外文书证，必须附有中文译本。

第七十四条 人民法院对视听资料，应当辨别真伪，并结合本案的其他证据，审查确定能否作为认定事实的根据。

第七十五条　凡是知道案件情况的单位和个人，都有义务出庭作证。有关单位的负责人应当支持证人作证。

不能正确表达意思的人，不能作证。

第七十六条　经人民法院通知，证人应当出庭作证。有下列情形之一的，经人民法院许可，可以通过书面证言、视听传输技术或者视听资料等方式作证：

（一）因健康原因不能出庭的；

（二）因路途遥远，交通不便不能出庭的；

（三）因自然灾害等不可抗力不能出庭的；

（四）其他有正当理由不能出庭的。

第七十七条　证人因履行出庭作证义务而支出的交通、住宿、就餐等必要费用以及误工损失，由败诉一方当事人负担。当事人申请证人作证的，由该当事人先行垫付；当事人没有申请，人民法院通知证人作证的，由人民法院先行垫付。

第七十八条　人民法院对当事人的陈述，应当结合本案的其他证据，审查确定能否作为认定事实的根据。

当事人拒绝陈述的，不影响人民法院根据证据认定案件事实。

第七十九条　当事人可以就查明事实的专门性问题向人民法院申请鉴定。当事人申请鉴定的，由双方当事人协商确定具备资格的鉴定人；协商不成的，由人民法院指定。

当事人未申请鉴定，人民法院对专门性问题认为需要鉴定的，应当委托具备资格的鉴定人进行鉴定。

第八十条　鉴定人有权了解进行鉴定所需要的案件材料，必要时可以询问当事人、证人。

鉴定人应当提出书面鉴定意见，在鉴定书上签名或者盖章。

第八十一条　当事人对鉴定意见有异议或者人民法院认为鉴定人有必要出庭的，鉴定人应当出庭作证。经人民法院通知，鉴定人拒不出庭作证的，鉴定意见不得作为认定事实的根据；支付鉴定费用的当事人可以要求返还鉴定费用。

第八十二条 当事人可以申请人民法院通知有专门知识的人出庭，就鉴定人作出的鉴定意见或者专业问题提出意见。

第八十三条 勘验物证或者现场，勘验人必须出示人民法院的证件，并邀请当地基层组织或者当事人所在单位派人参加。当事人或者当事人的成年家属应当到场，拒不到场的，不影响勘验的进行。

有关单位和个人根据人民法院的通知，有义务保护现场，协助勘验工作。

勘验人应当将勘验情况和结果制作笔录，由勘验人、当事人和被邀参加人签名或者盖章。

第八十四条 在证据可能灭失或者以后难以取得的情况下，当事人可以在诉讼过程中向人民法院申请保全证据，人民法院也可以主动采取保全措施。

因情况紧急，在证据可能灭失或者以后难以取得的情况下，利害关系人可以在提起诉讼或者申请仲裁前向证据所在地、被申请人住所地或者对案件有管辖权的人民法院申请保全证据。

证据保全的其他程序，参照适用本法第九章保全的有关规定。

第七章 期间、送达

第一节 期 间

第八十五条 期间包括法定期间和人民法院指定的期间。

期间以时、日、月、年计算。期间开始的时和日，不计算在期间内。

期间届满的最后一日是法定休假日的，以法定休假日后的第一日为期间届满的日期。

期间不包括在途时间，诉讼文书在期满前交邮的，不算过期。

第八十六条 当事人因不可抗拒的事由或者其他正当理由耽误

期限的，在障碍消除后的十日内，可以申请顺延期限，是否准许，由人民法院决定。

第二节　送　　达

第八十七条　送达诉讼文书必须有送达回证，由受送达人在送达回证上记明收到日期，签名或者盖章。

受送达人在送达回证上的签收日期为送达日期。

第八十八条　送达诉讼文书，应当直接送交受送达人。受送达人是公民的，本人不在交他的同住成年家属签收；受送达人是法人或者其他组织的，应当由法人的法定代表人、其他组织的主要负责人或者该法人、组织负责收件的人签收；受送达人有诉讼代理人的，可以送交其代理人签收；受送达人已向人民法院指定代收人的，送交代收人签收。

受送达人的同住成年家属，法人或者其他组织的负责收件的人，诉讼代理人或者代收人在送达回证上签收的日期为送达日期。

第八十九条　受送达人或者他的同住成年家属拒绝接收诉讼文书的，送达人可以邀请有关基层组织或者所在单位的代表到场，说明情况，在送达回证上记明拒收事由和日期，由送达人、见证人签名或者盖章，把诉讼文书留在受送达人的住所；也可以把诉讼文书留在受送达人的住所，并采用拍照、录像等方式记录送达过程，即视为送达。

第九十条　经受送达人同意，人民法院可以采用能够确认其收悉的电子方式送达诉讼文书。通过电子方式送达的判决书、裁定书、调解书，受送达人提出需要纸质文书的，人民法院应当提供。

采用前款方式送达的，以送达信息到达受送达人特定系统的日期为送达日期。

第九十一条　直接送达诉讼文书有困难的，可以委托其他人民法院代为送达，或者邮寄送达。邮寄送达的，以回执上注明的收件日期为送达日期。

第九十二条 受送达人是军人的，通过其所在部队团以上单位的政治机关转交。

第九十三条 受送达人被监禁的，通过其所在监所转交。

受送达人被采取强制性教育措施的，通过其所在强制性教育机构转交。

第九十四条 代为转交的机关、单位收到诉讼文书后，必须立即交受送达人签收，以在送达回证上的签收日期，为送达日期。

第九十五条 受送达人下落不明，或者用本节规定的其他方式无法送达的，公告送达。自发出公告之日起，经过三十日，即视为送达。

公告送达，应当在案卷中记明原因和经过。

第八章 调　　解

第九十六条 人民法院审理民事案件，根据当事人自愿的原则，在事实清楚的基础上，分清是非，进行调解。

第九十七条 人民法院进行调解，可以由审判员一人主持，也可以由合议庭主持，并尽可能就地进行。

人民法院进行调解，可以用简便方式通知当事人、证人到庭。

第九十八条 人民法院进行调解，可以邀请有关单位和个人协助。被邀请的单位和个人，应当协助人民法院进行调解。

第九十九条 调解达成协议，必须双方自愿，不得强迫。调解协议的内容不得违反法律规定。

第一百条 调解达成协议，人民法院应当制作调解书。调解书应当写明诉讼请求、案件的事实和调解结果。

调解书由审判人员、书记员署名，加盖人民法院印章，送达双方当事人。

调解书经双方当事人签收后，即具有法律效力。

第一百零一条　下列案件调解达成协议，人民法院可以不制作调解书：

（一）调解和好的离婚案件；

（二）调解维持收养关系的案件；

（三）能够即时履行的案件；

（四）其他不需要制作调解书的案件。

对不需要制作调解书的协议，应当记入笔录，由双方当事人、审判人员、书记员签名或者盖章后，即具有法律效力。

第一百零二条　调解未达成协议或者调解书送达前一方反悔的，人民法院应当及时判决。

第九章　保全和先予执行

第一百零三条　人民法院对于可能因当事人一方的行为或者其他原因，使判决难以执行或者造成当事人其他损害的案件，根据对方当事人的申请，可以裁定对其财产进行保全、责令其作出一定行为或者禁止其作出一定行为；当事人没有提出申请的，人民法院在必要时也可以裁定采取保全措施。

人民法院采取保全措施，可以责令申请人提供担保，申请人不提供担保的，裁定驳回申请。

人民法院接受申请后，对情况紧急的，必须在四十八小时内作出裁定；裁定采取保全措施的，应当立即开始执行。

第一百零四条　利害关系人因情况紧急，不立即申请保全将会使其合法权益受到难以弥补的损害的，可以在提起诉讼或者申请仲裁前向被保全财产所在地、被申请人住所地或者对案件有管辖权的人民法院申请采取保全措施。申请人应当提供担保，不提供担保的，裁定驳回申请。

人民法院接受申请后，必须在四十八小时内作出裁定；裁定采取保全措施的，应当立即开始执行。

申请人在人民法院采取保全措施后三十日内不依法提起诉讼或者申请仲裁的，人民法院应当解除保全。

第一百零五条 保全限于请求的范围，或者与本案有关的财物。

第一百零六条 财产保全采取查封、扣押、冻结或者法律规定的其他方法。人民法院保全财产后，应当立即通知被保全财产的人。

财产已被查封、冻结的，不得重复查封、冻结。

第一百零七条 财产纠纷案件，被申请人提供担保的，人民法院应当裁定解除保全。

第一百零八条 申请有错误的，申请人应当赔偿被申请人因保全所遭受的损失。

第一百零九条 人民法院对下列案件，根据当事人的申请，可以裁定先予执行：

（一）追索赡养费、扶养费、抚养费、抚恤金、医疗费用的；

（二）追索劳动报酬的；

（三）因情况紧急需要先予执行的。

第一百一十条 人民法院裁定先予执行的，应当符合下列条件：

（一）当事人之间权利义务关系明确，不先予执行将严重影响申请人的生活或者生产经营的；

（二）被申请人有履行能力。

人民法院可以责令申请人提供担保，申请人不提供担保的，驳回申请。申请人败诉的，应当赔偿被申请人因先予执行遭受的财产损失。

第一百一十一条 当事人对保全或者先予执行的裁定不服的，可以申请复议一次。复议期间不停止裁定的执行。

……

第二十六章 仲　　裁

第二百八十八条 涉外经济贸易、运输和海事中发生的纠纷，当事人在合同中订有仲裁条款或者事后达成书面仲裁协议，提交中华人民共和国涉外仲裁机构或者其他仲裁机构仲裁的，当事人不得向人民法院起诉。

当事人在合同中没有订有仲裁条款或者事后没有达成书面仲裁协议的，可以向人民法院起诉。

第二百八十九条　当事人申请采取保全的，中华人民共和国的涉外仲裁机构应当将当事人的申请，提交被申请人住所地或者财产所在地的中级人民法院裁定。

第二百九十条　经中华人民共和国涉外仲裁机构裁决的，当事人不得向人民法院起诉。一方当事人不履行仲裁裁决的，对方当事人可以向被申请人住所地或者财产所在地的中级人民法院申请执行。

第二百九十一条　对中华人民共和国涉外仲裁机构作出的裁决，被申请人提出证据证明仲裁裁决有下列情形之一的，经人民法院组成合议庭审查核实，裁定不予执行：

（一）当事人在合同中没有订有仲裁条款或者事后没有达成书面仲裁协议的；

（二）被申请人没有得到指定仲裁员或者进行仲裁程序的通知，或者由于其他不属于被申请人负责的原因未能陈述意见的；

（三）仲裁庭的组成或者仲裁的程序与仲裁规则不符的；

（四）裁决的事项不属于仲裁协议的范围或者仲裁机构无权仲裁的。

人民法院认定执行该裁决违背社会公共利益的，裁定不予执行。

第二百九十二条　仲裁裁决被人民法院裁定不予执行的，当事人可以根据双方达成的书面仲裁协议重新申请仲裁，也可以向人民法院起诉。

第二十七章　司法协助

第二百九十三条　根据中华人民共和国缔结或者参加的国际条约，或者按照互惠原则，人民法院和外国法院可以相互请求，代为送达文书、调查取证以及进行其他诉讼行为。

外国法院请求协助的事项有损于中华人民共和国的主权、安全或者社会公共利益的，人民法院不予执行。

第二百九十四条 请求和提供司法协助，应当依照中华人民共和国缔结或者参加的国际条约所规定的途径进行；没有条约关系的，通过外交途径进行。

外国驻中华人民共和国的使领馆可以向该国公民送达文书和调查取证，但不得违反中华人民共和国的法律，并不得采取强制措施。

除前款规定的情况外，未经中华人民共和国主管机关准许，任何外国机关或者个人不得在中华人民共和国领域内送达文书、调查取证。

第二百九十五条 外国法院请求人民法院提供司法协助的请求书及其所附文件，应当附有中文译本或者国际条约规定的其他文字文本。

人民法院请求外国法院提供司法协助的请求书及其所附文件，应当附有该国文字译本或者国际条约规定的其他文字文本。

第二百九十六条 人民法院提供司法协助，依照中华人民共和国法律规定的程序进行。外国法院请求采用特殊方式的，也可以按照其请求的特殊方式进行，但请求采用的特殊方式不得违反中华人民共和国法律。

第二百九十七条 人民法院作出的发生法律效力的判决、裁定，如果被执行人或者其财产不在中华人民共和国领域内，当事人请求执行的，可以由当事人直接向有管辖权的外国法院申请承认和执行，也可以由人民法院依照中华人民共和国缔结或者参加的国际条约的规定，或者按照互惠原则，请求外国法院承认和执行。

在中华人民共和国领域内依法作出的发生法律效力的仲裁裁决，当事人请求执行的，如果被执行人或者其财产不在中华人民共和国领域内，当事人可以直接向有管辖权的外国法院申请承认和执行。

第二百九十八条 外国法院作出的发生法律效力的判决、裁定，需要人民法院承认和执行的，可以由当事人直接向有管辖权的中级人民法院申请承认和执行，也可以由外国法院依照该国与中华人民共和国缔结或者参加的国际条约的规定，或者按照互惠原则，请求人民法院承认和执行。

第二百九十九条 人民法院对申请或者请求承认和执行的外国法院作出的发生法律效力的判决、裁定，依照中华人民共和国缔结或者参加的国际条约，或者按照互惠原则进行审查后，认为不违反中华人民共和国法律的基本原则且不损害国家主权、安全、社会公共利益的，裁定承认其效力；需要执行的，发出执行令，依照本法的有关规定执行。

第三百条 对申请或者请求承认和执行的外国法院作出的发生法律效力的判决、裁定，人民法院经审查，有下列情形之一的，裁定不予承认和执行：

（一）依据本法第三百零一条的规定，外国法院对案件无管辖权；

（二）被申请人未得到合法传唤或者虽经合法传唤但未获得合理的陈述、辩论机会，或者无诉讼行为能力的当事人未得到适当代理；

（三）判决、裁定是通过欺诈方式取得；

（四）人民法院已对同一纠纷作出判决、裁定，或者已经承认第三国法院对同一纠纷作出的判决、裁定；

（五）违反中华人民共和国法律的基本原则或者损害国家主权、安全、社会公共利益。

第三百零一条 有下列情形之一的，人民法院应当认定该外国法院对案件无管辖权：

（一）外国法院依照其法律对案件没有管辖权，或者虽然依照其法律有管辖权但与案件所涉纠纷无适当联系；

（二）违反本法对专属管辖的规定；

（三）违反当事人排他性选择法院管辖的协议。

第三百零二条 当事人向人民法院申请承认和执行外国法院作出的发生法律效力的判决、裁定，该判决、裁定涉及的纠纷与人民法院正在审理的纠纷属于同一纠纷的，人民法院可以裁定中止诉讼。

外国法院作出的发生法律效力的判决、裁定不符合本法规定的承认条件的，人民法院裁定不予承认和执行，并恢复已经中止的诉讼；符合本法规定的承认条件的，人民法院裁定承认其效力；需要执行的，发出执行令，依照本法的有关规定执行；对已经中止的诉讼，裁定驳回起诉。

第三百零三条 当事人对承认和执行或者不予承认和执行的裁定不服的，可以自裁定送达之日起十日内向上一级人民法院申请复议。

第三百零四条 在中华人民共和国领域外作出的发生法律效力的仲裁裁决，需要人民法院承认和执行的，当事人可以直接向被执行人住所地或者其财产所在地的中级人民法院申请。被执行人住所地或者其财产不在中华人民共和国领域内的，当事人可以向申请人住所地或者与裁决的纠纷有适当联系的地点的中级人民法院申请。人民法院应当依照中华人民共和国缔结或者参加的国际条约，或者按照互惠原则办理。

第三百零五条 涉及外国国家的民事诉讼，适用中华人民共和国有关外国国家豁免的法律规定；有关法律没有规定的，适用本法。

第三百零六条 本法自公布之日起施行，《中华人民共和国民事诉讼法（试行）》同时废止。

最高人民法院关于适用《中华人民共和国民事诉讼法》的解释（节录）

（2014年12月18日最高人民法院审判委员会第1636次会议通过　根据2020年12月23日最高人民法院审判委员会第1823次会议通过的《最高人民法院关于修改〈最高人民法院关于人民法院民事调解工作若干问题的规定〉等十九件民事诉讼类司法解释的决定》第一次修正　根据2022年3月22日最高人民法院审判委员会第1866次会议通过的《最高人民法院关于修改〈最高人民法院关于适用《中华人民共和国民事诉讼法》的解释〉的决定》第二次修正　2022年4月1日最高人民法院公告公布　自2022年4月10日起施行　法释〔2022〕11号）

……

第二百一十五条　依照民事诉讼法第一百二十七条第二项的规定，当事人在书面合同中订有仲裁条款，或者在发生纠纷后达成书面仲裁协议，一方向人民法院起诉的，人民法院应当告知原告向仲裁机构申请仲裁，其坚持起诉的，裁定不予受理，但仲裁条款或者仲裁协议不成立、无效、失效、内容不明确无法执行的除外。

第二百一十六条　在人民法院首次开庭前，被告以有书面仲裁协议为由对受理民事案件提出异议的，人民法院应当进行审查。

经审查符合下列情形之一的，人民法院应当裁定驳回起诉：

（一）仲裁机构或者人民法院已经确认仲裁协议有效的；

（二）当事人没有在仲裁庭首次开庭前对仲裁协议的效力提出异议的；

（三）仲裁协议符合仲裁法第十六条规定且不具有仲裁法第十七条规定情形的。

……

第四百七十五条 仲裁机构裁决的事项，部分有民事诉讼法第二百四十四条第二款、第三款规定情形的，人民法院应当裁定对该部分不予执行。

应当不予执行部分与其他部分不可分的，人民法院应当裁定不予执行仲裁裁决。

第四百七十六条 依照民事诉讼法第二百四十四条第二款、第三款规定，人民法院裁定不予执行仲裁裁决后，当事人对该裁定提出执行异议或者复议的，人民法院不予受理。当事人可以就该民事纠纷重新达成书面仲裁协议申请仲裁，也可以向人民法院起诉。

第四百七十七条 在执行中，被执行人通过仲裁程序将人民法院查封、扣押、冻结的财产确权或者分割给案外人的，不影响人民法院执行程序的进行。

案外人不服的，可以根据民事诉讼法第二百三十四条规定提出异议。

……

最高人民法院关于适用《中华人民共和国仲裁法》若干问题的解释

（2005年12月26日最高人民法院审判委员会第1375次会议通过　2006年8月23日最高人民法院公告公布　自2006年9月8日起施行　法释〔2006〕7号）

根据《中华人民共和国仲裁法》和《中华人民共和国民事诉讼法》等法律规定，对人民法院审理涉及仲裁案件适用法律的若干问题作如下解释：

第一条 仲裁法第十六条规定的“其他书面形式”的仲裁协议，包括以合同书、信件和数据电文（包括电报、电传、传真、电子数据交换和电子邮件）等形式达成的请求仲裁的协议。

第二条 当事人概括约定仲裁事项为合同争议的，基于合同成立、效力、变更、转让、履行、违约责任、解释、解除等产生的纠纷都可以认定为仲裁事项。

第三条 仲裁协议约定的仲裁机构名称不准确，但能够确定具体的仲裁机构的，应当认定选定了仲裁机构。

第四条 仲裁协议仅约定纠纷适用的仲裁规则的，视为未约定仲裁机构，但当事人达成补充协议或者按照约定的仲裁规则能够确定仲裁机构的除外。

第五条 仲裁协议约定两个以上仲裁机构的，当事人可以协议选择其中的一个仲裁机构申请仲裁；当事人不能就仲裁机构选择达成一致的，仲裁协议无效。

第六条 仲裁协议约定由某地的仲裁机构仲裁且该地仅有一个仲裁机构的，该仲裁机构视为约定的仲裁机构。该地有两个以上仲裁机构的，当事人可以协议选择其中的一个仲裁机构申请仲裁；当事人不能就仲裁机构选择达成一致的，仲裁协议无效。

第七条 当事人约定争议可以向仲裁机构申请仲裁也可以向人民法院起诉的，仲裁协议无效。但一方向仲裁机构申请仲裁，另一方未在仲裁法第二十条第二款规定期间内提出异议的除外。

第八条 当事人订立仲裁协议后合并、分立的，仲裁协议对其权利义务的继受人有效。

当事人订立仲裁协议后死亡的，仲裁协议对承继其仲裁事项中的权利义务的继承人有效。

前两款规定情形，当事人订立仲裁协议时另有约定的除外。

第九条 债权债务全部或者部分转让的，仲裁协议对受让人有效，但当事人另有约定、在受让债权债务时受让人明确反对或者不知有单独仲裁协议的除外。

第十条 合同成立后未生效或者被撤销的，仲裁协议效力的认定适用仲裁法第十九条第一款的规定。

当事人在订立合同时就争议达成仲裁协议的，合同未成立不影响仲裁协议的效力。

第十一条 合同约定解决争议适用其他合同、文件中的有效仲裁条款的，发生合同争议时，当事人应当按照该仲裁条款提请仲裁。

涉外合同应当适用的有关国际条约中有仲裁规定的，发生合同争议时，当事人应当按照国际条约中的仲裁规定提请仲裁。

第十二条 当事人向人民法院申请确认仲裁协议效力的案件，由仲裁协议约定的仲裁机构所在地的中级人民法院管辖；仲裁协议约定的仲裁机构不明确的，由仲裁协议签订地或者被申请人住所地的中级人民法院管辖。

申请确认涉外仲裁协议效力的案件，由仲裁协议约定的仲裁机构所在地、仲裁协议签订地、申请人或者被申请人住所地的中级人民法院管辖。

涉及海事海商纠纷仲裁协议效力的案件，由仲裁协议约定的仲裁机构所在地、仲裁协议签订地、申请人或者被申请人住所地的海事法院管辖；上述地点没有海事法院的，由就近的海事法院管辖。

第十三条 依照仲裁法第二十条第二款的规定，当事人在仲裁庭首次开庭前没有对仲裁协议的效力提出异议，而后向人民法院申请确认仲裁协议无效的，人民法院不予受理。

仲裁机构对仲裁协议的效力作出决定后，当事人向人民法院申请确认仲裁协议效力或者申请撤销仲裁机构的决定的，人民法院不予受理。

第十四条 仲裁法第二十六条规定的“首次开庭”是指答辩期满后人民法院组织的第一次开庭审理，不包括审前程序中的各项活动。

第十五条　人民法院审理仲裁协议效力确认案件，应当组成合议庭进行审查，并询问当事人。

第十六条　对涉外仲裁协议的效力审查，适用当事人约定的法律；当事人没有约定适用的法律但约定了仲裁地的，适用仲裁地法律；没有约定适用的法律也没有约定仲裁地或者仲裁地约定不明的，适用法院地法律。

第十七条　当事人以不属于仲裁法第五十八条或者民事诉讼法第二百五十八条规定的事由申请撤销仲裁裁决的，人民法院不予支持。①

第十八条　仲裁法第五十八条第一款第一项规定的“没有仲裁协议”是指当事人没有达成仲裁协议。仲裁协议被认定无效或者被撤销的，视为没有仲裁协议。

第十九条　当事人以仲裁裁决事项超出仲裁协议范围为由申请撤销仲裁裁决，经审查属实的，人民法院应当撤销仲裁裁决中的超裁部分。但超裁部分与其他裁决事项不可分的，人民法院应当撤销仲裁裁决。

第二十条　仲裁法第五十八条规定的“违反法定程序”，是指违反仲裁法规定的仲裁程序和当事人选择的仲裁规则可能影响案件正确裁决的情形。

第二十一条　当事人申请撤销国内仲裁裁决的案件属于下列情形之一的，人民法院可以依照仲裁法第六十一条的规定通知仲裁庭在一定期限内重新仲裁：

（一）仲裁裁决所根据的证据是伪造的；

（二）对方当事人隐瞒了足以影响公正裁决的证据的。

---

① 本条根据《最高人民法院关于调整司法解释等文件中引用〈中华人民共和国民事诉讼法〉条文序号的决定》（法释〔2008〕18号）第79条调整。

人民法院应当在通知中说明要求重新仲裁的具体理由。

第二十二条 仲裁庭在人民法院指定的期限内开始重新仲裁的，人民法院应当裁定终结撤销程序；未开始重新仲裁的，人民法院应当裁定恢复撤销程序。

第二十三条 当事人对重新仲裁裁决不服的，可以在重新仲裁裁决书送达之日起六个月内依据仲裁法第五十八条规定向人民法院申请撤销。

第二十四条 当事人申请撤销仲裁裁决的案件，人民法院应当组成合议庭审理，并询问当事人。

第二十五条 人民法院受理当事人撤销仲裁裁决的申请后，另一方当事人申请执行同一仲裁裁决的，受理执行申请的人民法院应当在受理后裁定中止执行。

第二十六条 当事人向人民法院申请撤销仲裁裁决被驳回后，又在执行程序中以相同理由提出不予执行抗辩的，人民法院不予支持。

第二十七条 当事人在仲裁程序中未对仲裁协议的效力提出异议，在仲裁裁决作出后以仲裁协议无效为由主张撤销仲裁裁决或者提出不予执行抗辩的，人民法院不予支持。

当事人在仲裁程序中对仲裁协议的效力提出异议，在仲裁裁决作出后又以此为由主张撤销仲裁裁决或者提出不予执行抗辩，经审查符合仲裁法第五十八条或者民事诉讼法第二百一十三条、第二百五十八条规定的，人民法院应予支持。①

第二十八条 当事人请求不予执行仲裁调解书或者根据当事人之间的和解协议作出的仲裁裁决书的，人民法院不予支持。

第二十九条 当事人申请执行仲裁裁决案件，由被执行人住所

---

① 本条根据《最高人民法院关于调整司法解释等文件中引用〈中华人民共和国民事诉讼法〉条文序号的决定》（法释〔2008〕18号）第80条调整。

地或者被执行的财产所在地的中级人民法院管辖。

第三十条　根据审理撤销、执行仲裁裁决案件的实际需要，人民法院可以要求仲裁机构作出说明或者向相关仲裁机构调阅仲裁案卷。

人民法院在办理涉及仲裁的案件过程中作出的裁定，可以送相关的仲裁机构。

第三十一条　本解释自2006年9月8日起实施。

本院以前发布的司法解释与本解释不一致的，以本解释为准。

二 仲裁委员会、仲裁员和仲裁协会

重新组建仲裁机构方案

（1995年7月28日　国办发〔1995〕44号）

一、关于重新组建仲裁机构的原则

（一）全面、准确地把握《中华人民共和国仲裁法》（以下简称仲裁法）精神，严格依照仲裁法组建。

（二）体现全心全意为人民服务的宗旨，保证仲裁能够按照公正、及时的原则解决经济纠纷。

（三）从实际情况出发，根据需要与可能进行组建。

（四）统一认识，加强领导，调动各方面的积极因素，保证仲裁工作平稳过渡。

二、关于仲裁委员会

（一）依法可以设立仲裁委员会的市只能组建一个统一的仲裁委员会，不得按照不同专业设立专业仲裁委员会或者专业仲裁庭。

（二）新组建的仲裁委员会的名称应当规范，一律在仲裁委员会之前冠以仲裁委员会所在市的地名（地名+仲裁委员会），如北京仲裁委员会、广州仲裁委员会、深圳仲裁委员会等。

（三）仲裁委员会由主任1人、副主任2至4人和委员7至11人组成。其中，驻会专职组成人员1至2人，其他组成人员均为兼职。

仲裁委员会的组成人员由院校、科研机构、国家机关等方面的专家和有实际工作经验的人员担任。仲裁委员会的组成人员可以是仲裁员，也可以不是仲裁员。

第一届仲裁委员会的组成人员，由政府法制、经贸、体改、司法、工商、科技、建设等部门和贸促会、工商联等组织协商推荐，由市人民政府聘任。

(四) 仲裁委员会设秘书长1人。秘书长可以由驻会专职组成人员兼任。

(五) 仲裁委员会下设办事机构，负责办理仲裁案件受理、仲裁文书送达、档案管理、仲裁费用的收取与管理等事务。办事机构日常工作由仲裁委员会秘书长负责。

办事机构的设置和人员配备应当遵循精简、高效的原则。仲裁委员会设立初期，办事机构不宜配备过多的工作人员。以后随着仲裁工作量的增加，人员可以适当增加。

办事机构工作人员应当具备良好的思想品质、业务素质，择优聘用。

三、关于仲裁员

(一) 仲裁委员会不设专职仲裁员。

(二) 仲裁员由依法重新组建的仲裁委员会聘任。

仲裁委员会应当主要在本省、自治区、直辖市范围内符合仲裁法第十三条规定的人员中聘任仲裁员。

国家公务员及参照实行国家公务员制度的机关工作人员符合仲裁法第十三条规定的条件，并经所在单位同意，可以受聘为仲裁员，但是不得因从事仲裁工作影响本职工作。

仲裁委员会要按照不同专业设置仲裁员名册。

(三) 仲裁员办理仲裁案件，由仲裁委员会依照仲裁规则的规定给付报酬。仲裁员没有办理仲裁案件的，不能取得报酬或者其他费用。

四、关于仲裁委员会的编制、经费和用房

仲裁委员会设立初期，其所在地的市人民政府应当参照有关事业单位的规定，解决仲裁委员会的人员编制、经费、用房等。仲裁委员会应当逐步做到自收自支。

五、关于新组建的仲裁委员会与现有仲裁机构的衔接

（一）聘任仲裁员、聘用办事机构工作人员，应当优先从现有仲裁机构符合条件的仲裁员、工作人员中考虑。

（二）当事人在现有仲裁机构依法终止之前达成仲裁协议，在现有仲裁机构依法终止之后又达成补充协议选定新的仲裁委员会的，可以依照仲裁法向重新选定的仲裁委员会申请仲裁；当事人达不成补充协议的，原仲裁协议无效。

附件一：

仲裁委员会章程示范文本

第一章　总　　则

第一条　为了规范本仲裁委员会的行为，保证公正、及时地仲裁经济纠纷，保护当事人的合法权益，根据《中华人民共和国仲裁法》（以下简称仲裁法），制定本章程。

第二条　平等主体的公民、法人和其他组织之间发生合同纠纷和其他财产权益纠纷，可以依法向本仲裁委员会申请仲裁。

本仲裁委员会不受理因劳动争议和农业集体经济组织内部的农业承包合同纠纷提出的仲裁申请。

第三条　本仲裁委员会（以下简称仲裁委员会）会址设在××市。

第二章　仲裁委员会

第四条　仲裁委员会由主任 1 人、副主任 2 至 4 人和委员 7 至

11 人组成。其中，驻会专职组成人员 1 至 2 人，其他组成人员均为兼职。

仲裁委员会设秘书长 1 人。秘书长可以由驻会专职组成人员兼任。

仲裁委员会组成人员名单报中国仲裁协会备案。

第五条 仲裁委员会每届任期 3 年。任期届满，更换 1/3 组成人员。

仲裁委员会任期届满的 2 个月前，应当完成下届仲裁委员会组成人员的更换；有特殊情况不能完成更换的，应当在任期届满后 3 个月内完成更换。

上一届仲裁委员会履行职责到新一届仲裁委员会组成为止。

第六条 新一届仲裁委员会组成人员由上一届仲裁委员会主任会议商市人民政府有关部门、商会后提名，由市人民政府聘任。

第七条 仲裁委员会会议由主任或者主任委托的副主任主持。每次会议须有 2/3 以上的组成人员出席，方能举行。修改章程或者对仲裁委员会作出解散决议，须经全体组成人员的 2/3 以上通过，其他决议须经出席会议组成人员的 2/3 以上通过。

第八条 仲裁委员会会议的主要职责是：

（一）审议仲裁委员会的工作方针、工作计划等重要事项，并作出相应的决议；

（二）审议、通过仲裁委员会秘书长提出的年度工作报告和财务报告；

（三）决定仲裁委员会秘书长、专家咨询机构负责人人选；

（四）审议、通过仲裁委员会办事机构设置方案；

（五）决定仲裁员的聘任、解聘和除名；

（六）仲裁委员会主任担任仲裁员的，决定主任的回避；

（七）修改仲裁委员会章程；

（八）决议解散仲裁委员会；

（九）仲裁法、仲裁规则和本章程规定的其他职责。

第九条 仲裁委员会主任、副主任和秘书长组成主任会议，在仲裁委员会会议闭会期间，负责仲裁委员会的重要日常工作。

第十条 仲裁委员会可以根据需要设立专家咨询机构，为仲裁委员会和仲裁员提供对疑难问题的咨询意见。

专家咨询机构设负责人1人，由仲裁委员会副主任兼任。

第十一条 仲裁委员会会议作出解散决议并经市人民政府同意，仲裁委员会应当终止。

第三章 办事机构

第十二条 仲裁委员会下设办事机构。办事机构在仲裁委员会秘书长领导下负责处理仲裁委员会的日常工作。

办事机构的主要职责是：

（一）具体办理仲裁案件受理、仲裁文书送达、档案管理等程序性事务；

（二）收取和管理仲裁费用；

（三）办理仲裁委员会交办的其他事务。

第十三条 办事机构工作人员，由仲裁委员会主任会议决定聘用。

第四章 仲裁员

第十四条 仲裁员名单由仲裁委员会主任会议提出，经仲裁委员会会议审议通过后，由仲裁委员会聘任，发给聘书。

仲裁员的聘任期为3年，期满可以继续聘任。

第十五条 仲裁委员会按照不同专业设立仲裁员名册。

仲裁员名册报中国仲裁协会备案。

第十六条 仲裁员应当严格遵守仲裁规则的规定，保证当事人行使仲裁规则规定的权利。

第十七条 仲裁员应当平等对待双方当事人，不得代表或者偏袒任何一方当事人。

第十八条 仲裁员接受案件后，应当认真、详细审阅当事人提交的全部证据和材料，做好审理的准备工作。

第十九条 仲裁员开庭审理仲裁案件的，应当充分听取双方当事人的陈述，认真查明事实。

第二十条 仲裁员经仲裁庭或者仲裁委员会同意会见当事人、代理人，应当在仲裁委员会办公地点进行；未经仲裁庭或者仲裁委员会同意的，仲裁员不得私自会见任何一方当事人、代理人，不得单独接受一方当事人、代理人提供的证据、材料或者与一方当事人、代理人交谈有关仲裁案件的情况。

第二十一条 仲裁员应当在案件审理终结后及时进行合议，并按规定制作仲裁裁决书。

第二十二条 仲裁员应当严格保守仲裁秘密，不得对外界透露案件审理过程、仲裁庭合议情况、案件涉及的商业秘密等内容。

第二十三条 仲裁员有下列情形之一的，仲裁委员会应当予以解聘：

（一）隐瞒应当回避的情形，对案件审理产生不良影响的；

（二）无正当理由不到庭审理案件的；

（三）有不宜继续担任仲裁员的其他情形的。

第二十四条 仲裁员私自会见当事人、代理人，或者接受当事人、代理人的请客送礼，或者在仲裁案件时有索贿受贿，徇私舞弊，枉法裁决行为的，应当依法承担法律责任，仲裁委员会应当将其除名。

第五章 财　　务

第二十五条 仲裁委员会的财务实行独立核算。

第二十六条 仲裁委员会的经费来源是：

（一）政府的资助；

（二）当事人交纳的仲裁费；

（三）其他合法收入。

第二十七条 仲裁委员会终止，应当对财产进行清算。清算后，剩余财产归国家所有。

第六章 附 则

第二十八条 本章程由仲裁委员会负责解释。

第二十九条 本章程自市人民政府批准之日起生效。

附件二：

仲裁委员会仲裁暂行规则示范文本

第一章 总 则

第一条 为了保证公正、及时地仲裁经济纠纷，保护当事人的合法权益，根据《中华人民共和国仲裁法》（以下简称仲裁法）和《中华人民共和国民事诉讼法》（以下简称民事诉讼法）的有关规定，制定本暂行规则。

第二条 平等主体的公民、法人和其他组织之间发生合同纠纷和其他财产权益纠纷，可以依法向本仲裁委员会申请仲裁。

本仲裁委员会不受理因劳动争议和农业集体经济组织内部的农业承包合同纠纷提出的仲裁申请。

第三条 当事人采用仲裁方式解决纠纷，应当双方自愿，达成仲裁协议。没有仲裁协议，一方申请仲裁的，本仲裁委员会不予受理。

第四条 仲裁协议包括合同中订立的仲裁条款和以其他书面方

式在纠纷发生前或者纠纷发生后达成的请求仲裁的协议。

仲裁协议应当具有下列内容：

（一）请求仲裁的意思表示；

（二）仲裁事项；

（三）选定本仲裁委员会的意思表示。

第五条 仲裁协议独立存在，合同的变更、解除、终止或者无效，不影响仲裁协议的效力。

仲裁庭有权确认合同的效力。

第六条 当事人对仲裁协议的效力有异议的，可以请求本仲裁委员会作出决定或者请求人民法院作出裁定。一方请求本仲裁委员会作出决定，另一方请求人民法院作出裁定的，由人民法院裁定。

当事人对仲裁协议的效力有异议，应当在仲裁庭首次开庭前提出；当事人协议不开庭的，应当在首次提交答辩书前提出。

第二章 申请和受理

第七条 当事人申请仲裁应当符合下列条件：

（一）有仲裁协议；

（二）有具体的仲裁请求和事实、理由；

（三）属于本仲裁委员会的受理范围。

第八条 申请人申请仲裁，应当向本仲裁委员会递交仲裁协议、仲裁申请书及副本。

第九条 仲裁申请书应当载明下列事项：

（一）申请人和被申请人的姓名、性别、年龄、职业、工作单位和住所，法人或者其他组织的名称、住所和法定代表人或者主要负责人的姓名、职务；

（二）仲裁请求和所根据的事实、理由；

（三）证据和证据来源、证人姓名和住所。

第十条 本仲裁委员会收到仲裁申请书之日起5日内，认为符合受理条件的，应当受理，并通知当事人，也可以当即受理，并通知当事人；认为不符合受理条件的，应当书面通知当事人不予受理，并说明理由。

本仲裁委员会收到仲裁申请书后，认为仲裁申请书不符合本暂行规则第九条规定的，可以要求当事人限期补正；逾期不补正的，视为未申请。

第十一条 本仲裁委员会受理仲裁申请后，应当在15日内将本暂行规则和仲裁员名册送达申请人，并将仲裁申请书副本和暂行规则、仲裁员名册送达被申请人。

被申请人收到仲裁申请书副本后，应当在15日内向仲裁委员会提交答辩书。仲裁委员会收到答辩书后，应当在15日内将答辩书副本送达申请人。被申请人未提交答辩书的，不影响仲裁程序的进行。

第十二条 申请人可以放弃或者变更仲裁请求。被申请人可以承认或者反驳仲裁请求，有权提出反请求。

本仲裁委员会应当在收到被申请人提出反请求申请书之日起15日内，将反请求申请书副本送达申请人。

申请人应当自收到反请求申请书之日起15日内向本仲裁委员会提出书面答辩；未提出书面答辩的，不影响仲裁程序的进行。

第十三条 一方当事人因另一方当事人的行为或者其他原因，可能使裁决不能执行或者难以执行的，可以申请财产保全。

当事人申请财产保全的，本仲裁委员会应当将当事人的申请依照民事诉讼法的有关规定提交人民法院。

申请有错误的，申请人应当赔偿被申请人因财产保全遭受的损失。

第十四条 当事人、法定代理人可以委托律师和其他代理人进行仲裁活动。委托律师和其他代理人进行仲裁活动的，应当向本仲裁委员会提交授权委托书。

第三章　仲裁庭的组成

第十五条　仲裁庭可以由3名仲裁员或者1名仲裁员组成。由3名仲裁员组成的，设首席仲裁员。

第十六条　当事人约定由3名仲裁员组成仲裁庭的，应当各自选定或者各自委托本仲裁委员会主任指定1名仲裁员，第三名仲裁员由当事人共同选定或者共同委托本仲裁委员会主任指定。第三名仲裁员是首席仲裁员。

当事人约定由1名仲裁员成立仲裁庭的，应当由当事人共同选定或者共同委托本仲裁委员会主任指定仲裁员。

第十七条　当事人自收到受理仲裁通知之日起15日内没有约定仲裁庭的组成方式或者选定仲裁员的，由本仲裁委员会主任指定。

第十八条　仲裁庭组成后，本仲裁委员会应当自仲裁庭组成之日起5日内，将仲裁庭的组成情况书面通知当事人，也可以在仲裁庭组成当日将仲裁庭的组成情况书面通知当事人。

第十九条　仲裁员有下列情形之一的，必须回避，当事人也有权提出回避申请：

（一）是本案当事人或者当事人、代理人的近亲属；

（二）与本案有利害关系；

（三）与本案当事人、代理人有其他关系，可能影响公正仲裁的；

（四）私自会见当事人、代理人，或者接受当事人、代理人的请客送礼的。

第二十条　当事人提出回避申请，应当说明理由，在首次开庭前提出。回避事由在首次开庭后知道的，可以在最后一次开庭终结前提出。

第二十一条　仲裁员是否回避，由本仲裁委员会主任决定；仲裁委员会主任担任仲裁员时，由本仲裁委员会会议决定。

第二十二条 仲裁员因回避或者其他原因不能履行职责的，应当依照仲裁法和本暂行规则的规定重新选定或者指定仲裁员。

因回避而重新选定或者指定仲裁员后，当事人可以请求已进行的仲裁程序重新进行，是否准许，由仲裁庭决定；仲裁庭也可以自行决定已进行的仲裁程序是否重新进行。

第二十三条 仲裁员私自会见当事人、代理人，或者接受当事人、代理人请客送礼，情节严重的，或者仲裁员在仲裁案件时有索贿受贿，徇私舞弊，枉法裁决行为的，应当依法承担法律责任，本仲裁委员会应当将其除名。

第四章 开庭和裁决

第二十四条 仲裁应当开庭进行。当事人协议不开庭的，仲裁庭可以根据仲裁申请书、答辩书以及其他材料作出裁决。

第二十五条 仲裁不公开进行。当事人协议公开的，可以公开进行，但是涉及国家秘密的除外。

第二十六条 仲裁委员会应当在仲裁庭开庭10日前将开庭日期通知双方当事人；双方当事人经商仲裁庭同意，可以提前开庭。当事人有正当理由的，可以在开庭前7日内请求延期开庭；是否延期，由仲裁庭决定。

第二十七条 申请人经书面通知，无正当理由不到庭或者未经仲裁庭许可中途退庭的，可以视为撤回仲裁申请。

被申请人经书面通知，无正当理由不到庭或者未经仲裁庭许可中途退庭的，可以缺席裁决。

第二十八条 当事人应当对自己的主张提供证据。

仲裁庭认为有必要收集的证据，可以自行收集。

第二十九条 书证应当提交原件。物证应当提交原物。提交原件或者原物确有困难的，可以提交复制品、照片、副本、节录本。

提交外文书证，应当附有中文译本。

第三十条 仲裁庭对专门性问题认为需要鉴定的，可以交由当事人约定的鉴定部门鉴定，也可以由仲裁庭指定的鉴定部门鉴定。

根据当事人的请求或者仲裁庭的要求，鉴定部门应当派鉴定人参加开庭。当事人经仲裁庭许可，可以向鉴定人提问。

第三十一条 证据应当在开庭时出示，当事人可以互相质证。

第三十二条 在证据可能灭失或者以后难以取得的情况下，当事人可以申请证据保全。当事人申请证据保全的，本仲裁委员会应当将当事人的申请提交证据所在地的基层人民法院。

第三十三条 当事人在仲裁过程中有权进行辩论。辩论终结时，首席仲裁员或者独任仲裁员应当征询当事人的最后意见。

第三十四条 仲裁庭应当将开庭情况记入笔录。当事人和其他仲裁参与人认为对自己陈述的记录有遗漏或者差错的，有权申请补正；如果不予补正，应当记录该申请。

笔录由仲裁员、记录人员、当事人和其他仲裁参与人签名或者盖章。

第三十五条 当事人申请仲裁后，可以自行和解。达成和解协议的，可以请求仲裁庭根据和解协议作出裁决书，也可以撤回仲裁申请。

第三十六条 当事人达成和解协议，撤回仲裁申请后反悔的，可以根据仲裁协议申请仲裁。

第三十七条 仲裁庭在作出裁决前，可以先行调解。当事人自愿调解的，仲裁庭应当调解。调解不成的，仲裁庭应当及时作出裁决。

调解达成协议的，仲裁庭应当制作调解书或者根据协议的结果制作裁决书。调解书与裁决书具有同等法律效力。

第三十八条 调解书应当写明仲裁请求和当事人协议的结果。调解书由仲裁员签名，加盖本仲裁委员会印章，送达双方当事人。

调解书经双方当事人签收后，即发生法律效力。

在调解书签收前当事人反悔的，仲裁庭应当及时作出裁决。

第三十九条 裁决应当按照多数仲裁员的意见作出，少数仲裁员的不同意见可以记入笔录。仲裁庭不能形成多数意见时，裁决应当按照首席仲裁员的意见作出。

第四十条 仲裁庭仲裁纠纷时，其中一部分事实已经清楚，可以就该部分先行裁决。

第四十一条 仲裁庭应当在仲裁庭组成后4个月内作出仲裁裁决。有特殊情况需要延长的，由首席仲裁员或者独任仲裁员报经本仲裁委员会主任批准，可以适当延长。

第四十二条 裁决书应当写明仲裁请求、争议事实、裁决理由、裁决结果、仲裁费用的负担和裁决日期。

当事人协议不愿写明争议事实和裁决理由的，可以不写。

裁决书由仲裁员签名。对裁决持不同意见的仲裁员，可以签名，也可以不签名。

第四十三条 裁决书经仲裁员签名后，仲裁委员会应当加盖本仲裁委员会印章。

第四十四条 裁决书自作出之日起发生法律效力。

第四十五条 对裁决书中的文字、计算错误或者对仲裁庭已经裁决但在裁决书中遗漏的事项，仲裁庭应当补正；当事人自收到裁决书之日起30日内，可以请求仲裁庭补正。

第四十六条 当事人提出证据证明裁决有下列情形之一的，可以自收到仲裁裁决书之日起6个月内向本仲裁委员会所在地的中级人民法院申请撤销裁决：

（一）没有仲裁协议的；

（二）裁决的事项不属于仲裁协议的范围或者仲裁委员会无权仲裁的；

（三）仲裁庭的组成或者仲裁的程序违反法定程序的；

（四）裁决所根据的证据是伪造的；

（五）对方当事人隐瞒了足以影响公正裁决的证据的；

（六）仲裁员在仲裁该案时有索贿受贿，徇私舞弊，枉法裁决行为的。

第四十七条 当事人应当在仲裁裁决书确定的期限内履行裁决。未确定履行期限的，当事人应当立即履行。

一方当事人不履行仲裁裁决的，另一方当事人可以依照民事诉讼法的有关规定向人民法院申请执行。

第五章 附 则

第四十八条 法律对仲裁时效有规定的，从其规定；法律对仲裁时效没有规定的，适用诉讼时效的规定。

第四十九条 除当事人另有约定或者仲裁庭另有要求外，仲裁文书、通知、材料可以直接送达当事人、代理人，或者以邮寄、传真、电报等方式送达当事人、代理人。

第五十条 期间以时、日、月、年计算。期间开始的时和日，不计算在期间内。

期间届满的最后一日是节假日的，以节假日后的第一日为期间届满的日期。

期间不包括在途时间，仲裁文书、材料、通知在期满前交邮、交发的，不算过期。

第五十一条 当事人因不可抗拒的事由或者其他正当理由耽误期限的，在障碍消除后的 10 日内，可以申请顺延期限；是否准许，由本仲裁委员会或者仲裁庭决定。

第五十二条 仲裁员报酬由本仲裁委员会按照仲裁员办理仲裁案件的工作时间、难易程度、争议大小等情况确定。

仲裁员报酬从本仲裁委员会收取的仲裁案件受理费中支付。

第五十三条 本暂行规则自 年 月 日起生效。

仲裁委员会登记暂行办法

（1995年7月28日 国办发〔1995〕44号）

第一条 根据《中华人民共和国仲裁法》（以下简称仲裁法），制定本办法。

第二条 仲裁委员会的登记机关是省、自治区、直辖市的司法行政部门。

第三条 仲裁委员会可以在直辖市和省、自治区人民政府所在地的市设立，也可以根据需要在其他设区的市设立，不按行政区划层层设立。

设立仲裁委员会，应当向登记机关办理设立登记；未经设立登记的，仲裁裁决不具有法律效力。

办理设立登记，应当向登记机关提交下列文件：

（一）设立仲裁委员会申请书；

（二）组建仲裁委员会的市的人民政府设立仲裁委员会的文件；

（三）仲裁委员会章程；

（四）必要的经费证明；

（五）仲裁委员会住所证明；

（六）聘任的仲裁委员会组成人员的聘书副本；

（七）拟聘任的仲裁员名册。

第四条 登记机关应当在收到本办法第三条第三款规定的文件之日起10日内，对符合设立条件的仲裁委员会予以设立登记，并发给登记证书；对符合设立条件，但所提供的文件不符合本办法第三条第三款规定的，在要求补正后予以登记；对不符合本办法第三条第一款规定的，不予登记。

第五条 仲裁委员会变更住所、组成人员，应当在变更后的10日内向登记机关备案，并向登记机关提交与变更事项有关的文件。

第六条 仲裁委员会决议终止的，应当向登记机关办理注销登记。

仲裁委员会办理注销登记，应当向登记机关提交下列文件或者证书：

（一）注销登记申请书；

（二）组建仲裁委员会的市的人民政府同意注销该仲裁委员会的文件；

（三）有关机关确认的清算报告；

（四）仲裁委员会登记证书。

第七条 登记机关应当自收到本办法第六条第二款规定的文件、证书之日起10日内，对符合终止条件的仲裁委员会予以注销登记，收回仲裁委员会登记证书。

第八条 登记机关对仲裁委员会的设立登记、注销登记，自作出登记之日起生效，予以公告，并报国务院司法行政部门备案。

仲裁委员会登记证书，由国务院司法行政部门负责印制。

第九条 仲裁法施行前在直辖市和省、自治区人民政府所在地的市以及其他设区的市设立的仲裁机构，应当依照仲裁法和国务院的有关规定重新组建，并依照本办法申请设立登记；未重新组建的，自仲裁法施行之日起届满1年时终止。

仲裁法施行前设立的不符合仲裁法规定的其他仲裁机构，自仲裁法施行之日起终止。

第十条 本办法自1995年9月1日起施行。

仲裁委员会仲裁收费办法

（1995 年 7 月 28 日　国办发〔1995〕44 号）

第一条　为了规范仲裁委员会的仲裁收费，制定本办法。

第二条　当事人申请仲裁，应当按照本办法的规定向仲裁委员会交纳仲裁费用，仲裁费用包括案件受理费和案件处理费。

第三条　案件受理费用于给付仲裁员报酬、维持仲裁委员会正常运转的必要开支。

第四条　申请人应当自收到仲裁委员会受理通知书之日起 15 日内，按照仲裁案件受理费表的规定预交案件受理费。被申请人在提出反请求的同时，应当按照仲裁案件受理费表的规定预交案件受理费。

仲裁案件受理费的具体标准由仲裁委员会在仲裁案件受理费表规定的幅度内确定，并报仲裁委员会所在地的省、自治区、直辖市人民政府物价管理部门核准。

第五条　仲裁案件受理费表中的争议金额，以申请人请求的数额为准；请求的数额与实际争议金额不一致的，以实际争议金额为准。

申请仲裁时争议金额未确定的，由仲裁委员会根据争议所涉及权益的具体情况确定预先收取的案件受理费数额。

第六条　当事人预交案件受理费确有困难的，由当事人提出申请，经仲裁委员会批准，可以缓交。

当事人在本办法第四条第一款规定的期限内不预交案件受理费，又不提出缓交申请的，视为撤回仲裁申请。

第七条　案件处理费包括：

（一）仲裁员因办理仲裁案件出差、开庭而支出的食宿费、交通费及其他合理费用；

（二）证人、鉴定人、翻译人员等因出庭而支出的食宿费、交通费、误工补贴；

（三）咨询、鉴定、勘验、翻译等费用；

（四）复制、送达案件材料、文书的费用；

（五）其他应当由当事人承担的合理费用。

本条款第（二）、（三）项规定的案件处理费，由提出申请的一方当事人预付。

第八条 案件处理费的收费标准按照国家有关规定执行；国家没有规定的，按照合理的实际支出收取。

第九条 仲裁费用原则上由败诉的当事人承担；当事人部分胜诉、部分败诉的，由仲裁庭根据当事人各方责任大小确定其各自应当承担的仲裁费用的比例。当事人自行和解或者经仲裁庭调解结案的，当事人可以协商确定各自承担的仲裁费用的比例。

仲裁庭应当在调解书或者裁决书中写明双方当事人最终应当支付的仲裁费用金额。

第十条 依照仲裁法第六十一条的规定，仲裁庭同意重新仲裁的，仲裁委员会不得再行收取案件受理费。

仲裁庭依法对裁决书中的文字、计算错误或者仲裁庭已经裁决但在裁决书中遗漏的事项作出补正，不得收费。

第十一条 申请人经书面通知，无正当理由不到庭或者未经仲裁庭许可中途退庭，可以视为撤回仲裁申请，案件受理费、处理费不予退回。

第十二条 仲裁委员会受理仲裁申请后，仲裁庭组成前，申请人撤回仲裁申请，或者当事人自行达成和解协议并撤回仲裁申请的，案件受理费应当全部退回。

仲裁庭组成后，申请人撤回仲裁申请或者当事人自行达成和解协议并撤回仲裁申请的，应当根据实际情况酌情退回部分案件受理费。

第十三条 本办法第五条、第十二条的规定同样适用于被申请人提出反请求的情形。

第十四条 仲裁委员会收取仲裁案件受理费，应当使用省、自治区、直辖市人民政府财政部门统一印制的收费票据，并按照国家有关规定，建立、健全财务核算制度，加强财务、收支管理，接受财政、审计、税务、物价等部门的监督。

第十五条 本办法自 1995 年 9 月 1 日起施行。

附件：

仲裁委员会仲裁案件受理费表

争议金额（人民币）	仲裁案件受理费（人民币）
1000 元以下的部分	40-100 元
1001 元至 50000 元的部分	按 4%-5%交纳
50001 元至 100000 元的部分	按 3%-4%交纳
100001 元至 200000 元的部分	按 2%-3%交纳
200001 元至 500000 元的部分	按 1%-2%交纳
500001 元至 1000000 元的部分	按 0.5%-1%交纳
1000001 元以上的部分	按 0.25%-0.5%交纳

三 仲裁协议

最高人民法院关于在粤港澳大湾区内地登记设立的香港、澳门投资企业协议选择港澳法律为合同适用法律或者协议约定港澳为仲裁地效力问题的批复

（2024年10月22日经最高人民法院审判委员会第1927次会议通过　2025年2月13日最高人民法院公告公布　自2025年2月14日起施行　法释〔2025〕3号）

广东省高级人民法院：

你院《关于一方或者双方当事人为在粤港澳大湾区内地注册成立的港澳独资、合资企业选择适用港澳法律或者港澳仲裁协议效力问题的请示》（粤高法〔2023〕53号）收悉。经研究，批复如下：

一、当事人一方或者双方为在粤港澳大湾区深圳市、珠海市登记设立的香港、澳门投资企业，协议选择香港特别行政区法律、澳门特别行政区法律为合同适用的法律，并在诉讼中主张适用该法律，人民法院经审查认为不违反国家法律强制性规定且不损害社会公共利益的，应当予以支持。

二、当事人一方或者双方为在粤港澳大湾区内地九市登记设立的香港、澳门投资企业，协议约定以香港特别行政区、澳门特别行政区为仲裁地，当事人以所涉争议不具有涉港澳因素为由申请人民法院确认仲裁协议无效的，人民法院不予支持。

当事人将争议按照约定提交仲裁，在相关裁决作出后，一方当事人以所涉争议不具有涉港澳因素、仲裁协议无效，主张不应认可执行仲裁裁决的，人民法院不予支持。

三、本批复所称“香港投资企业”“澳门投资企业”是指全部或者部分由香港特别行政区、澳门特别行政区的自然人、企业或者其他组织投资，依法在内地登记设立的企业。

最高人民法院关于确认仲裁协议效力几个问题的批复

（1998年10月21日最高人民法院审判委员会第1029次会议通过　1998年10月26日最高人民法院公告公布自1998年11月5日起施行　法释〔1998〕27号）

山东省高级人民法院：

你院鲁高法函〔1997〕84号《关于认定重建仲裁机构前达成的仲裁协议的效力的几个问题的请示》收悉。经研究，答复如下：

一、在《中华人民共和国仲裁法》实施后重新组建仲裁机构前，当事人达成的仲裁协议只约定了仲裁地点，未约定仲裁机构，双方当事人在补充协议中选定了在该地点依法重新组建的仲裁机构的，仲裁协议有效；双方当事人达不成补充协议的，仲裁协议无效。

二、在仲裁法实施后依法重新组建仲裁机构前，当事人在仲裁协议中约定了仲裁机构，一方当事人申请仲裁，另一方当事人向人民法院起诉的，经人民法院审查，按照有关规定能够确定新的仲裁机构的，仲裁协议有效。对当事人的起诉，人民法院不予受理。

三、当事人对仲裁协议的效力有异议，一方当事人申请仲裁机构确认仲裁协议效力，另一方当事人请求人民法院确认仲裁协议无效，如果仲裁机构先于人民法院接受申请并已作出决定，人民法院不予受理；如果仲裁机构接受申请后尚未作出决定，人民法院应予受理，同时通知仲裁机构终止仲裁。

四、一方当事人就合同纠纷或者其他财产权益纠纷申请仲裁，另一方当事人对仲裁协议的效力有异议，请求人民法院确认仲裁协议无效并就合同纠纷或者其他财产权益纠纷起诉的，人民法院受理后应当通知仲裁机构中止仲裁。人民法院依法作出仲裁协议有效或者无效的裁定后，应当将裁定书副本送达仲裁机构，由仲裁机构根据人民法院的裁定恢复仲裁或者撤销仲裁案件。

人民法院依法对仲裁协议作出无效的裁定后，另一方当事人拒不应诉的，人民法院可以缺席判决；原受理仲裁申请的仲裁机构在人民法院确认仲裁协议无效后仍不撤销其仲裁案件的，不影响人民法院对案件的审理。

此复

❖ 指导性案例 ❖

运裕有限公司与深圳市中苑城商业投资控股有限公司申请确认仲裁协议效力案[①]

（最高人民法院审判委员会讨论通过　2022年12月27日发布）

【关键词】

民事　申请确认仲裁协议效力　仲裁条款成立

① 最高人民法院指导性案例196号。

【裁判要点】

1. 当事人以仲裁条款未成立为由请求确认仲裁协议不存在的，人民法院应当按照申请确认仲裁协议效力案件予以审查。

2. 仲裁条款独立存在，其成立、效力与合同其他条款是独立、可分的。当事人在订立合同时对仲裁条款进行磋商并就提交仲裁达成合意的，合同成立与否不影响仲裁条款的成立、效力。

【相关法条】

《中华人民共和国仲裁法》第16条、第19条、第20条第1款

【基本案情】

中国旅游集团有限公司（以下简称中旅公司），原名为中国旅游集团公司、中国港中旅集团公司，是国有独资公司。香港中旅（集团）有限公司（以下简称香港中旅公司）是中旅公司的全资子公司，注册于香港。运裕有限公司（以下简称运裕公司）是香港中旅公司的全资子公司，注册于英属维尔京群岛。新劲公司是运裕公司的全资子公司，亦注册于英属维尔京群岛。

2016年3月24日，中旅公司作出《关于同意挂牌转让NEW-POWERENTERPRISESINC. 100%股权的批复》，同意运裕公司依法合规转让其所持有的新劲公司100%的股权。2017年3月29日，运裕公司通过北交所公开挂牌转让其持有的新劲公司100%的股权。深圳市中苑城商业投资控股有限公司（以下简称中苑城公司）作为意向受让人与运裕公司等就签订案涉项目的产权交易合同等事宜开展磋商。

2017年5月9日，港中旅酒店有限公司（中旅公司的全资子公司）投资管理部经理张欣发送电子邮件给深圳市泰隆金融控股集团有限公司（中苑城公司的上级集团公司）风控法务张瑞瑞。电子邮件的附件《产权交易合同》，系北交所提供的标准文本，载明甲方为运裕公司，乙方为中苑城公司，双方根据合同法和《企业国有产权转让管理暂行办法》等相关法律、法规、规章的规定，就运裕公司

向中苑城公司转让其拥有的新劲公司100%股权签订《产权交易合同》。合同第十六条管辖及争议解决方式：16.1本合同及产权交易中的行为均适用中华人民共和国法律；16.2有关本合同的解释或履行，当事人之间发生争议的，应由双方协商解决；协商解决不成的，提交北京仲裁委员会仲裁。上述电子邮件的附件《债权清偿协议》第十二条约定：本协议适用中华人民共和国法律。有关本协议的解释或履行，当事人之间发生争议的，应由各方协商解决；协商解决不成的，任何一方均有权提交北京仲裁委员会以仲裁方式解决。

2017年5月10日，张瑞瑞发送电子邮件给张欣、刘祯，内容为："附件为我们公司对合同的一个修改意见，请贵公司在基于平等、公平的原则及合同签订后的有效原则慎重考虑加以确认"。在该邮件的附件中，《产权交易合同》文本第十六条"管辖及争议解决方式"修改为"16.1本合同及产权交易中的行为均适用中华人民共和国法律。16.2有关本合同的解释或履行，当事人之间发生争议的，应由双方协商解决；协商解决不成的，提交深圳国际仲裁院仲裁"；《债权清偿协议》文本第十二条修改为"本协议适用中华人民共和国法律。有关本协议的解释或履行，当事人之间发生争议的，应由各方协商解决；协商解决不成的，任何一方均有权提交深圳国际仲裁院以仲裁方式解决"。

2017年5月11日13时42分，张欣发送电子邮件给张瑞瑞和中苑城公司高级管理人员李俊，针对中苑城公司对两个合同文本提出的修改意见进行了回应，并表示"现将修订后的合同草签版发送给贵司，请接到附件内容后尽快回复意见。贵方与我司确认后的合同将被提交至北交所及我司内部审批流程，经北交所及我司集团公司最终确认后方可签署（如有修改我司会再与贵司确认）"。该邮件附件《产权交易合同》（草签版）第十六条"管辖及争议解决方式"与《债权清偿协议》（草签版）第十二条和上述5月10日张瑞瑞发送给张欣、刘祯的电子邮件附件中的有关内容相同。同日18时39

分，张瑞瑞发送电子邮件给张欣，内容为“附件为我司签署完毕的《产权交易合同》（草签版）及《债权清偿协议》（草签版）、项目签约说明函等扫描件，请查收并回复”。该邮件附件《产权交易合同》（草签版）和《债权清偿协议》（草签版）的管辖及争议解决方式的内容与张欣在同日发送电子邮件附件中的有关内容相同。中苑城公司在合同上盖章，并将该文本送达运裕公司。

2017 年 5 月 17 日，张欣发送电子邮件给李俊，载明：“深圳项目我司集团最终审批流程目前正进行中，如审批顺利计划可在本周五上午在北京维景国际大酒店举办签约仪式，具体情况待我司确认后通知贵司。现将《产权交易合同》及《债权清偿协议》拟签署版本提前发送给贵司以便核对。”该邮件附件 1 为《股权转让项目产权交易合同》（拟签署版），附件 2 为《股权转让项目债权清偿协议》（拟签署版）。上述两个合同文本中的仲裁条款仍与草签版相同。

2017 年 10 月 27 日，运裕公司发函中苑城公司取消交易。2018 年 4 月 4 日，中苑城公司根据《产权交易合同》（草签版）第 16.2 条及《债权清偿协议》（草签版）第十二条的约定，向深圳国际仲裁院提出仲裁申请，将运裕公司等列为共同被申请人。在仲裁庭开庭前，运裕公司等分别向广东省深圳市中级人民法院提起诉讼，申请确认仲裁协议不存在。该院于 2018 年 9 月 11 日立案，形成了本案和另外两个关联案件。在该院审查期间，最高人民法院认为，本案及关联案件有重大法律意义，由国际商事法庭审查有利于统一适用法律，且有利于提高纠纷解决效率，故依照民事诉讼法第三十八条第一款、《最高人民法院关于设立国际商事法庭若干问题的规定》第二条第五项之规定，裁定本案由最高人民法院第一国际商事法庭审查。

【裁判结果】

最高人民法院于 2019 年 9 月 18 日作出（2019）最高法民特 1 号民事裁定，驳回运裕有限公司的申请。

【裁判理由】

最高人民法院认为：运裕公司在中苑城公司申请仲裁后，以仲裁条款未成立为由，向人民法院申请确认双方之间不存在有效的仲裁条款。虽然这不同于要求确认仲裁协议无效，但是仲裁协议是否存在与是否有效同样直接影响到纠纷解决方式，同样属于需要解决的先决问题，因而要求确认当事人之间不存在仲裁协议也属于广义的对仲裁协议效力的异议。仲裁法第二十条第一款规定："当事人对仲裁协议的效力有异议的，可以请求仲裁委员会作出决定或者请求人民法院作出裁定。据此，当事人以仲裁条款未成立为由要求确认仲裁协议不存在的，属于申请确认仲裁协议效力案件，人民法院应予立案审查。"

在确认仲裁协议效力时，首先要确定准据法。涉外民事关系法律适用法第十八条规定："当事人可以协议选择仲裁协议适用的法律。当事人没有选择的，适用仲裁机构所在地法律或者仲裁地法律。"在法庭询问时，各方当事人均明确表示同意适用中华人民共和国法律确定案涉仲裁协议效力。因此，本案仲裁协议适用中华人民共和国法律。

仲裁法第十六条第一款规定："仲裁协议包括合同中订立的仲裁条款和以其他书面方式在纠纷发生前或者纠纷发生后达成的请求仲裁的协议。"可见，合同中的仲裁条款和独立的仲裁协议这两种类型，都属于仲裁协议，仲裁条款的成立和效力的认定也适用关于仲裁协议的法律规定。

仲裁协议独立性是广泛认可的一项基本法律原则，是指仲裁协议与主合同是可分的，互相独立，它们的存在与效力，以及适用于它们的准据法都是可分的。由于仲裁条款是仲裁协议的主要类型，仲裁条款与合同其他条款出现在同一文件中，赋予仲裁条款独立性，比强调独立的仲裁协议具有独立性更有实践意义，甚至可以说仲裁协议独立性主要是指仲裁条款和主合同是可分的。对于仲裁协议的独立性，中华人民共和国法律和司法解释均有规定。仲裁法第十九条第一款规定："仲裁协议独立存在，合同的变更、解除、终止或者无效，不影响仲裁协议的效力。"从上下文关系看，该条是在仲裁法第十六条明确了仲裁条款属于仲裁协议之后，规定了仲裁协议的独立性。因此，仲裁条款独立于合同。对于仲裁条款能否完全独立于合同而成立，仲裁法的规定似乎不是特别清晰，不如已成立合同的变更、解除、终止或者无效不影响仲裁协议效力的规定那么明确。在司法实践中，合同是否成立与其中的仲裁条款是否成立这两个问题常常纠缠不清。但是，仲裁法第十九条第一款开头部分"仲裁协议独立存在"，是概括性、总领性的表述，应当涵盖仲裁协议是否存在即是否成立的问题，之后的表述则是进一步强调列举的几类情形也不能影响仲裁协议的效力。《最高人民法院关于适用〈中华人民共和国仲裁法〉若干问题的解释》第十条第二款进一步明确："当事人在订立合同时就争议达成仲裁协议的，合同未成立不影响仲裁协议的效力。"因此，在确定仲裁条款效力包括仲裁条款是否成立时，可以先行确定仲裁条款本身的效力；在确有必要时，才考虑对整个合同的效力包括合同是否成立进行认定。本案亦依此规则，先根据本案具体情况来确定仲裁条款是否成立。

仲裁条款是否成立，主要是指当事人双方是否有将争议提交仲裁的合意，即是否达成了仲裁协议。仲裁协议是一种合同，判断双方是否就仲裁达成合意，应适用合同法关于要约、承诺的规定。从本案磋商情况看，当事人双方一直共同认可将争议提交仲裁解决。本案最早的《产权交易合同》，系北交所提供的标准文本，连同《债权清偿协议》由运裕公司等一方发给中苑城公司，两份合同均包含将争议提交北京仲裁委员会仲裁的条款。之后，当事人就仲裁机构进行了磋商。运裕公司等一方发出的合同草签版的仲裁条款，已将仲裁机构确定为深圳国际仲裁院。就仲裁条款而言，这是运裕公司等发出的要约。中苑城公司在合同草签版上盖章，表示同意，并于2017年5月11日将盖章合同文本送达运裕公司，这是中苑城公司的承诺。根据合同法第二十五条、第二十六条相关规定，承诺通知到达要约人时生效，承诺生效时合同成立。因此，《产权交易合同》《债权清偿协议》中的仲裁条款于2017年5月11日分别在两个合同的各方当事人之间成立。之后，当事人就合同某些其他事项进行交涉，但从未对仲裁条款有过争议。鉴于运裕公司等并未主张仲裁条款存在法定无效情形，故应当认定双方当事人之间存在有效的仲裁条款，双方争议应由深圳国际仲裁院进行仲裁。虽然运裕公司等没有在最后的合同文本上盖章，其法定代表人也未在文本上签字，不符合合同经双方法定代表人或授权代表签字并盖章后生效的要求，但根据《最高人民法院关于适用〈中华人民共和国仲裁法〉若干问题的解释》第十条第二款的规定，即使合同未成立，仲裁条款的效力也不受影响。在当事人已达成仲裁协议的情况下，对于本案合同是否成立的问题无需再行认定，该问题应在仲裁中解决。综上，运裕公司的理由和请求不能成立，人民法院驳回其申请。

（生效裁判审判人员：张勇健、高晓力、奚向阳、丁广宇、沈红雨）

深圳市实正共盈投资控股有限公司与深圳市交通运输局申请确认仲裁协议效力案①

（最高人民法院审判委员会讨论通过 2022年12月27日发布）

【关键词】

民事　申请确认仲裁协议效力　首次开庭　重新仲裁

① 最高人民法院指导性案例197号。

【裁判要点】

当事人未在仲裁庭首次开庭前对仲裁协议的效力提出异议的，应当认定当事人接受仲裁庭对案件的管辖权。虽然案件重新进入仲裁程序，但仍是对同一纠纷进行的仲裁程序，当事人在重新仲裁开庭前对仲裁协议效力提出异议的，不属于《中华人民共和国仲裁法》第二十条第二款规定的“在仲裁庭首次开庭前提出”的情形。

【相关法条】

《中华人民共和国仲裁法》第20条第2款

【基本案情】

深圳市实正共盈投资控股有限公司（以下简称实正共盈公司）诉称：实正共盈公司与深圳市交通运输局的纠纷由深圳国际仲裁院于2020年2月20日作出重新裁决的决定，该案目前尚未重新组庭，处于首次开庭前的阶段。两个案件程序相互独立，现在提起确认仲裁协议的效力时间应当被认定为首次开庭前，一审裁定依据《最高人民法院关于适用〈中华人民共和国仲裁法〉若干问题的解释》第十三条规定属于法律适用错误。

广东省深圳市交通运输局辩称：案涉仲裁案件于2017年8月18日首次开庭审理，庭审过程中，实正共盈公司当庭确认其对仲裁庭已经进行的程序没有异议，实正共盈公司已认可深圳国际仲裁院对案涉仲裁案件的管辖，其无权因案件进入重新仲裁程序而获得之前放弃的权利。一审裁定适用法律正确。

法院经审理查明：华南国际经济贸易仲裁委员会（又名深圳国际仲裁院，曾名中国国际经济贸易仲裁委员会华南分会、中国国际经济贸易仲裁委员会深圳分会）于2016年受理本案所涉仲裁案件。2017年8月18日，仲裁庭进行开庭审理，在仲裁申请人陈述和固定仲裁请求依据的事实和理由前，仲裁庭询问“双方当事人对本案已经进行的程序，是否有异议”，本案申请人回答“没有异议”；在庭审结束时，本案申请人表示，“截止到目前为止对于已经进行的仲裁程序”没有异议。2018年3月29日，华南国际经济贸易仲裁委员会作出裁决书。该裁决作出后，实正共盈公司向深圳市中级人民法院申请不予执行该仲裁裁决。法院经审查认为，可以由仲裁庭重新仲裁，由于仲裁庭在法院指定的期限内已同意重新仲裁，故不予执行仲裁裁决的审查程序应予终结。2020年2月26日，法院裁定终结该案审查程序。

【裁判结果】

广东省深圳市中级人民法院于2020年6月3日作出（2020）粤03民特249号民事裁定，驳回申请人实正共盈公司的申请。实正共盈公司不服，向广东省高级人民法院提起上诉。广东省高级人民法院于2020年9月18日作出（2020）粤民终2212号民事裁定，驳回上诉，维持原裁定。

【裁判理由】

法院生效裁判认为：《中华人民共和国仲裁法》第二十条第二款规定：“当事人对仲裁协议的效力有异议，应当在仲裁庭首次开庭前提出”，当事人未在仲裁庭首次开庭前对仲裁协议的效力提出异议的，视为当事人接受仲裁庭对案件的管辖权。本案虽然进入重新仲裁程序，但仍为同一纠纷，实正共盈公司在仲裁过程中未对仲裁协议效力提出异议并确认对仲裁程序无异议，其行为在重新仲裁过程中仍具有效力。根据《最高人民法院关于适用〈中华人民共和国仲裁法〉若干问题的解释》第十三条“依照仲裁法第二十条第二款的规定，当事人在仲裁庭首次开庭前没有对仲裁协议的效力提出异议，而后向人民法院申请确认仲裁协议无效的，人民法院不予受理”的规定，一审法院不应受理实正共盈公司提出的确认仲裁协议效力申请。一审法院受理本案后，根据《最高人民法院审理仲裁司法审查案件若干问题的规定》第八条第一款“人民法院立案后发现不符合受理条件的，裁定驳回申请”的规定，裁定驳回实正共盈公司的申请，并无不当。

（生效裁判审判人员：辜恩臻、潘晓璇、贺伟）

四 仲裁程序

中国国际经济贸易仲裁委员会适用《联合国国际贸易法委员会仲裁规则》管理案件的程序

（自 2025 年 3 月 1 日起施行）

导　言

为满足当事人选择适用《联合国国际贸易法委员会仲裁规则》（以下简称“《贸法会规则》”）进行仲裁同时由中国国际经济贸易仲裁委员会（以下简称“贸仲”）提供机构仲裁服务的多元化需求，并增加此类案件程序管理的规范性和透明度，贸仲特制定《适用〈联合国国际贸易法委员会仲裁规则〉管理案件的程序》（以下简称“《程序》”）。

本《程序》在总结贸仲管理此类案件的实践和经验的基础上制定，并参考了贸法会关于协助仲裁机构和其他有关机构根据《贸法会规则》进行仲裁的建议，力图为当事人提供《贸法会规则》和贸仲特色融合互补、相得益彰的仲裁服务。

当事人在仲裁协议中约定将争议提交贸仲适用《贸法会规则》进行仲裁或管理仲裁程序，或约定适用本《程序》进行仲裁或管理仲裁程序，或作含义相似的约定的，视为同意适用本《程序》，作为对《贸法会规则》的修订和补充。

本《程序》下，贸仲作为仲裁管理机构，为案件提供仲裁管理服务，主要包括履行《贸法会规则》下指定机构的各项职能、协助案件程序管理、督促程序高效公正进行、管理仲裁费用、以及核阅裁决书草稿和发出裁决书等。

本《程序》不妨碍贸仲根据当事人的约定或有关机构的指定仅担任《贸法会规则》下的指定机构或为适用《贸法会规则》进行的临时仲裁提供特定的仲裁辅助性服务，但这些并不构成选择贸仲作为本《程序》下的仲裁管理机构。

本《程序》亦可适用于贸仲根据《贸法会规则》管理的、基于为投资或投资者提供保护的条约等提起的投资者与国家间的仲裁。

示范仲裁条款

当事人希望在国际仲裁中适用《贸法会规则》进行仲裁并由贸仲作为仲裁管理机构的，可采纳以下示范条款：

示范仲裁条款（一）：

凡因本合同引起的或与本合同有关的任何争议，均应提交中国国际经济贸易仲裁委员会，按照申请仲裁时有效的《联合国国际贸易法委员会仲裁规则》进行仲裁。仲裁裁决是终局的，对各方均有约束力。

示范仲裁条款（二）：

凡因本合同引起的或与本合同有关的任何争议，均应提交中国国际经济贸易仲裁委员会____分会/仲裁中心，按照申请仲裁时有效的《联合国国际贸易法委员会仲裁规则》进行仲裁。仲裁裁决是终局的，对各方均有约束力。

注：当事人可考虑增加以下约定：

（1）仲裁员人数为____名（一名或三名）；

（2）仲裁地为 ____（城市或国家）；

（3）仲裁语言为 ____（选择语言）。

第一章 绪 则

第一条 目的

为满足当事人选择中国国际经济贸易仲裁委员会（以下简称“贸仲”）在适用《联合国国际贸易法委员会仲裁规则》（以下简称“《贸法会规则》”）的案件中提供机构仲裁服务的多元化需求，增加贸仲管理此类案件的程序规范性和透明度，贸仲特制定《适用〈联合国国际贸易法委员会仲裁规则〉管理案件的程序》（以下简称“《程序》”）。

第二条 适用

（一）本《程序》适用于当事人在仲裁协议中约定适用《贸法会规则》并由贸仲作为仲裁管理机构的案件。当事人提起仲裁所依据的仲裁协议有如下情形之一的，视为符合上述约定：

1. 约定将争议提交贸仲适用《贸法会规则》进行仲裁或管理仲裁程序的；

2. 约定适用本《程序》进行仲裁或管理仲裁程序的；

3. 其他含义相似的约定。

（二）仲裁程序应依照经本《程序》修订和补充的《贸法会规则》进行，除非当事人另有约定，但其约定无法实施或与仲裁程序适用法的强制性规定相抵触者除外。

（三）本《程序》不妨碍贸仲根据当事人的约定或有关机构的指定仅担任《贸法会规则》下的指定机构或为适用《贸法会规则》进行的临时仲裁提供特定的仲裁辅助性服务。

（四）本《程序》亦可适用于贸仲根据《贸法会规则》管理的、基于为投资或投资者提供保护的条约等提起的投资者与国家间的仲裁。

第三条 规则版本

（一）本《程序》所称《贸法会规则》系指 2021 年版《贸法会

规则》。

（二）当事人约定适用其他版本《贸法会规则》的，本《程序》中涉及的《贸法会规则》的条款自动调整为其他版本的相应条款。

第四条　机构

（一）贸仲设在北京，并设有分会或仲裁中心。贸仲的分会/仲裁中心根据贸仲的授权，接受仲裁申请，管理仲裁案件。

（二）当事人约定将争议提交贸仲进行仲裁的，由贸仲接受仲裁申请并管理案件；约定提交分会/仲裁中心仲裁或约定开庭地、仲裁地在分会/仲裁中心所在省、自治区、直辖市辖域内的，由该分会/仲裁中心接受仲裁申请并管理案件，当事人另有约定的除外。贸仲亦可根据案件具体情形授权并指定分会/仲裁中心管理相关案件。约定的分会/仲裁中心不存在、被终止授权或约定不明的，由贸仲接受仲裁申请并管理案件。如有争议，由贸仲作出决定。

（三）案件由分会/仲裁中心管理的，本《程序》中规定由贸仲行使的各项管理职责，由具体的分会/仲裁中心行使。

第五条　仲裁管理服务

在本《程序》下，贸仲作为仲裁管理机构，为案件提供仲裁管理服务，包括但不限于：

1. 履行《贸法会规则》下指定机构的各项职能，包括指定仲裁员、决定仲裁员的回避和替换、审查仲裁庭的收费和开支等；

2. 协助案件的程序管理，为推进仲裁程序行使相关职能和提供必要协助，包括协助仲裁文件的发送和转交，协助仲裁庭安排时间表和期限，提供庭审服务，对仲裁语言、期限延长等问题作出相应决定，为临时措施相关事宜提供协助等；

3. 督促仲裁程序高效公正地进行；

4. 管理仲裁费用；

5. 核阅裁决书草稿、发出仲裁裁决书；

6. 根据《贸法会规则》第 36 条的规定，发出终止仲裁程序的决定。

第六条　案件的受理

（一）申请人应向贸仲提交《贸法会规则》第 3 条规定的仲裁申请材料。

（二）仲裁程序应视为自贸仲收到申请人的仲裁申请材料之日起开始。

（三）申请人应按照贸仲通知的金额和方式，在规定期限内预缴仲裁费。

（四）贸仲经审查，认为申请仲裁的手续完备的，应向申请人和被申请人发出仲裁通知，并将申请人的仲裁申请材料同时发送给被申请人。

（五）贸仲经审查认为申请仲裁的手续不完备的，可以要求申请人在一定期限内予以完备。申请人未能在规定期限内完备申请仲裁的手续的，视同申请人未提出仲裁申请；申请人的仲裁申请材料，贸仲不予留存。

（六）贸仲受理案件后，应指定一名案件秘书协助仲裁案件的程序管理。

第七条　仲裁文件的提交与交换

（一）当事人的仲裁文件应提交至贸仲。

（二）仲裁程序中需发送或转交的仲裁文件，由贸仲发送或转交仲裁庭及当事人，当事人另有约定并经仲裁庭同意或仲裁庭另有决定者除外。

第二章　仲裁庭的组成

第八条　决定仲裁员人数

一方当事人根据《贸法会规则》第 7 条第 2 款请求贸仲指定独任仲裁员的，贸仲在决定仲裁庭是否由独任仲裁员组成时，应当综合考虑争议金额、案件复杂程度、案件紧急程度，以及贸仲认为应当考虑的其他因素。

第九条 仲裁员的选定或指定

（一）贸仲在本《程序》下推荐当事人从贸仲的仲裁员名册中选定仲裁员。在名册外选定的人士，经贸仲确认后可以担任仲裁员。

（二）贸仲在依据《贸法会规则》所述名单法向当事人提供候选人名单、确定独任或首席仲裁员人选，或者直接指定仲裁员时，应当考虑当事人对仲裁员资格或条件的特殊约定、争议的性质、适用法律、仲裁地、仲裁语言、当事人国籍，以及贸仲认为应当考虑的其他因素。

第三章 仲裁程序

第十条 仲裁语言

（一）当事人对仲裁语言有约定的，从其约定。

（二）当事人对仲裁语言没有约定的，以中文为仲裁语言。贸仲也可以在适当考虑合同所用语言在内的所有情况后决定使用一种或数种语言进行仲裁。仲裁庭组成后，可根据案件具体情形重新确定仲裁程序使用的仲裁语言。

第十一条 期限的延长

仲裁庭组成前，应当事人的请求，贸仲可根据案件的实际情况，适当延长《贸法会规则》规定的或者当事人约定的相应程序期限。

第十二条 管辖权决定

（一）仲裁程序适用法规定由仲裁机构对管辖权作出决定的，贸仲有权对仲裁协议的存在、效力以及仲裁案件的管辖权作出决定。仲裁庭组成后，贸仲授权仲裁庭作出管辖权决定。

贸仲依表面证据认为存在有效仲裁协议并作出贸仲有管辖权决定的，仲裁程序继续进行。贸仲依表面证据作出的管辖权决定，并不妨碍仲裁庭根据在审理过程中发现的与表面证据不一致的事实及/或证据重新作出管辖权决定。

（二）仲裁程序适用法规定由仲裁庭对管辖权作出决定的，由仲裁庭作出管辖权决定。

第十三条　庭审地点及方式

（一）除非当事人对开庭地点另有约定或仲裁庭另有决定，由贸仲或其分会/仲裁中心管理的案件应分别在北京或分会/仲裁中心所在地开庭审理。

（二）仲裁庭可在商各方当事人意见后，根据仲裁案件的具体情况，自行决定以现场出席、远程视频及其他适当的电子通讯方式开庭。

第十四条　反请求的受理

被申请人提出反请求的，应当按照贸仲通知的金额和方式，在规定期限内预缴相应的仲裁费。被申请人未按期缴纳的，视同未提出反请求申请。贸仲认为被申请人提出反请求的手续已完备的，应向双方当事人发出反请求受理通知。

第十五条　仲裁请求或反请求变更的受理

当事人申请变更仲裁请求或反请求且仲裁庭予以接受的，在其按照贸仲的通知完成缴费或其他相关手续后，由贸仲发出仲裁请求或反请求变更的受理通知。当事人增加仲裁请求或反请求但未按要求及时缴纳相应仲裁费用的，视同未提出变更申请。

第十六条　临时措施

（一）当事人申请保全措施的，贸仲应当将当事人的保全措施申请转交当事人指明的有管辖权的法院。

（二）根据所适用的法律或当事人的约定，当事人可以依据《中国国际经济贸易仲裁委员会紧急仲裁员程序》向贸仲申请紧急性临时救济。紧急仲裁员可以决定采取必要或适当的紧急性临时救济措施。紧急仲裁员决定对双方当事人具有约束力。

（三）经一方当事人请求，仲裁庭依据所适用的法律或当事人的约定，可以根据《贸法会规则》第 26 条的规定决定采取其认为必要或适当的临时措施。

第四章　裁　　决

第十七条　裁决书草案的核阅

仲裁庭应在签署裁决书之前将裁决书草案提交贸仲核阅。在不影响仲裁庭独立裁决的情况下，贸仲可以就裁决书的有关问题提请仲裁庭注意。

第十八条　裁决书的印章

裁决书应加盖贸仲印章；由贸仲香港仲裁中心管理的案件，裁决书加盖贸仲香港仲裁中心的印章。

第五章　快速仲裁

第十九条　《快速仲裁规则》的适用

（一）当事人约定仲裁程序适用《联合国国际贸易法委员会快速仲裁规则》（以下简称“《快速仲裁规则》”）的，从其约定。

（二）当事人就是否适用《快速仲裁规则》有争议的，由仲裁庭作出决定。仲裁庭组成前，如有必要，贸仲可以依表面证据先作出决定，但不影响仲裁庭的最终决定权。

第二十条　三人仲裁庭进入快速仲裁

组成三人仲裁庭后因当事人的约定进入快速仲裁的，当事人应商定是否变更为独任仲裁庭。当事人未达成一致意见的，贸仲可以结合案件的具体情况决定由一人或三人仲裁庭审理。

第六章　费用管理

第二十一条　仲裁费用

贸仲在本《程序》下收取的仲裁费用包括《贸法会规则》第40条第2款第（a）至（c）项中规定的仲裁员的收费和开支等各项费用、贸仲管理仲裁程序的相关费用，以及其他实际费用。费用的标准和相关规定按照2024年1月1日起施行的《中国国际经济贸易仲裁委员会仲裁规则》第八十五条及所附仲裁费用表确定。

第二十二条　费用管理服务

贸仲在本《程序》下提供的费用管理服务，包括相关仲裁费用预付金的收取和管理、费用的支付和退还、仲裁员收费和开支的审查和调整等。

第七章　附　　则

第二十三条　免责

基于《贸法会规则》第16条的规定，除蓄意不当行为外，在适用法律允许的最大限度内，各方当事人放弃以与本仲裁有关的作为或不作为为由，向贸仲及其工作人员、仲裁员、紧急仲裁员以及仲裁庭聘请的相关人员提出任何索赔。

第二十四条　《程序》的解释

（一）本《程序》条文标题不用于解释条文含义。

（二）本《程序》由贸仲负责解释。

第二十五条　《程序》的施行

本《程序》自2025年3月1日起施行。

中国国际经济贸易仲裁委员会仲裁规则

（2023年9月2日经中国国际贸易促进委员会/中国国际商会修订并通过　自2024年1月1日起施行）

第一章　总　　则

第一条　仲裁委员会

（一）中国国际经济贸易仲裁委员会（以下简称“仲裁委员

会”），原名中国国际贸易促进委员会对外贸易仲裁委员会、中国国际贸易促进委员会对外经济贸易仲裁委员会，同时使用“中国国际商会仲裁院”名称。

（二）当事人在仲裁协议中订明由中国国际贸易促进委员会/中国国际商会仲裁，或由中国国际贸易促进委员会/中国国际商会的仲裁委员会或仲裁院仲裁的，或使用仲裁委员会原名称为仲裁机构的，均视为同意由中国国际经济贸易仲裁委员会仲裁。

第二条　机构及职责

（一）仲裁委员会主任履行本规则赋予的职责。副主任根据主任的授权可以履行主任的职责。

（二）仲裁委员会设有仲裁院，在授权的副主任和仲裁院院长的领导下履行本规则规定的职责。

（三）仲裁委员会设在北京。仲裁委员会设有分会或仲裁中心（本规则附件一）。仲裁委员会的分会/仲裁中心是仲裁委员会的派出机构，根据仲裁委员会的授权，接受仲裁申请，管理仲裁案件。

（四）分会/仲裁中心设仲裁院，在分会/仲裁中心仲裁院院长的领导下履行本规则规定由仲裁委员会仲裁院履行的职责。

（五）案件由分会/仲裁中心管理的，本规则规定由仲裁委员会仲裁院院长履行的职责，由仲裁委员会仲裁院院长授权的分会/仲裁中心仲裁院院长履行。

（六）当事人可以约定将争议提交仲裁委员会或仲裁委员会分会/仲裁中心进行仲裁；约定由仲裁委员会进行仲裁的，由仲裁委员会仲裁院接受仲裁申请并管理案件；约定由分会/仲裁中心仲裁或约定开庭地、仲裁地在分会/仲裁中心所在省、自治区、直辖市辖域内的，由该分会/仲裁中心仲裁院接受仲裁申请并管理案件，当事人另有约定的除外。仲裁委员会仲裁院可根据案件具体情形授权并指定分会/仲裁中心管理相关案件。

约定的分会/仲裁中心不存在、被终止授权或约定不明的，由仲裁委员会仲裁院接受仲裁申请并管理案件。如有争议，由仲裁委员会作出决定。

（七）仲裁委员会可以根据当事人约定和请求为临时仲裁提供管理和辅助服务，包括并不限于提供适用仲裁规则的咨询指引性服务、指定仲裁员/决定仲裁员回避事宜、提供庭审服务、核阅裁决草稿、代为管理仲裁员报酬等仲裁服务，但当事人约定无法实施或与仲裁程序适用法强制性规定相抵触者除外。

第三条　受案范围

（一）仲裁委员会根据当事人的约定受理契约性或非契约性的经济贸易等争议案件。

（二）前款所述案件包括：

1. 国际或涉外争议案件；

2. 涉及香港特别行政区、澳门特别行政区及台湾地区的争议案件；

3. 国内争议案件。

第四条　规则的适用

（一）本规则统一适用于仲裁委员会及其分会/仲裁中心。

（二）当事人约定将争议提交仲裁委员会仲裁的，视为同意按照本规则进行仲裁。

（三）当事人约定将争议提交仲裁委员会仲裁但对本规则有关内容进行变更或约定适用其他仲裁规则的，从其约定，但其约定无法实施或与仲裁程序适用法强制性规定相抵触者除外。当事人约定适用其他仲裁规则的，由仲裁委员会履行相应的管理职责。

（四）当事人约定按照本规则进行仲裁但未约定仲裁机构的，视为同意将争议提交仲裁委员会仲裁。

（五）当事人约定适用仲裁委员会专业仲裁规则的，从其约定，但其争议不属于该专业仲裁规则适用范围的，适用本规则。

第五条　仲裁协议

（一）仲裁协议指当事人在合同中订明的仲裁条款或以其他方式

达成的提交仲裁的书面协议。

（二）仲裁协议应当采取书面形式。书面形式包括合同书、信件、电报、电传、传真、电子数据交换和电子邮件等可以有形地表现所载内容的形式。在仲裁申请书和仲裁答辩书的交换中，一方当事人声称有仲裁协议而另一方当事人不作否认表示的，视为存在书面仲裁协议。

（三）仲裁协议的适用法对仲裁协议的形式及效力另有规定的，从其规定。

（四）合同中的仲裁条款应视为与合同其他条款分离的、独立存在的条款，附属于合同的仲裁协议也应视为与合同其他条款分离的、独立存在的一个部分；合同的变更、解除、终止、转让、失效、无效、未生效、被撤销以及成立与否，均不影响仲裁条款或仲裁协议的效力。

第六条　对仲裁协议及/或管辖权的异议

（一）仲裁委员会有权对仲裁协议的存在、效力以及仲裁案件的管辖权作出决定。仲裁庭组成后，仲裁委员会授权仲裁庭作出管辖权决定。

（二）仲裁委员会依表面证据认为存在有效仲裁协议并作出仲裁委员会有管辖权决定的，仲裁程序继续进行。仲裁委员会依表面证据作出的管辖权决定并不妨碍仲裁庭根据在审理过程中发现的与表面证据不一致的事实及/或证据重新作出管辖权决定。

（三）仲裁庭作出管辖权决定时，可以在仲裁程序进行中单独作出，也可以在裁决书中一并作出。

（四）当事人对仲裁协议及/或仲裁案件管辖权的异议，应当在仲裁庭首次开庭前书面提出；书面审理的案件，应当在第一次实体答辩前提出。仲裁程序适用法另有规定的，从其规定。

（五）对仲裁协议及/或仲裁案件管辖权提出异议不影响仲裁程序的继续进行。

（六）上述管辖权异议及/或决定包括仲裁案件主体资格异议及/或决定。

（七）仲裁委员会或仲裁庭作出无管辖权决定的，应当作出撤销案件的决定。撤案决定在仲裁庭组成前由仲裁委员会仲裁院院长作出，在仲裁庭组成后，由仲裁庭作出。

第七条　仲裁地

（一）当事人对仲裁地有约定的，从其约定。

（二）当事人对仲裁地未作约定或约定不明的，以管理案件的仲裁委员会或其分会/仲裁中心所在地为仲裁地；仲裁委员会也可视案件的具体情形确定其他地点为仲裁地。

（三）仲裁裁决视为在仲裁地作出。

第八条　送达及期限

（一）有关仲裁的一切文书、通知、材料（以下简称“仲裁文件”）等均可采用当面递交、挂号信、特快专递、传真、电子方式及其他任何能提供投递记录的通讯手段，或仲裁委员会仲裁院或仲裁庭认为适当的其他方式发送。电子方式送达包括向当事人约定/指定的电子邮箱、其他电子通讯地址，以及经由仲裁委员会信息化存储系统、各方可无障碍存取的信息系统等以电子形式送达仲裁文件。

（二）仲裁文件可优先采用电子方式送达。

（三）仲裁文件应发送当事人或其仲裁代理人自行提供的或当事人约定的地址，当事人或其仲裁代理人没有提供地址或当事人对地址没有约定的，按照对方当事人或其仲裁代理人提供的地址发送。

（四）向一方当事人或其仲裁代理人发送的仲裁文件，如经当面递交收件人或发送至收件人的营业地、注册地、住所地、惯常居住地或通讯地址，或经对方当事人合理查询不能找到上述任一地点，仲裁委员会仲裁院以挂号信或特快专递或能提供投递记录的包括公证送达、委托送达和留置送达在内的其他任何手段投递给收件人最后一个为人所知的营业地、注册地、住所地、惯常居住地或通讯地址，即视为有效送达。

（五）本规则所规定的期限，应自当事人收到或应当收到仲裁委员会仲裁院向其发送的仲裁文件之日的次日起计算。

第九条　诚实信用

仲裁参与人应遵循诚实信用原则，进行仲裁程序。

第十条　放弃异议

一方当事人知道或理应知道本规则或仲裁协议中规定的任何条款或情事未被遵守，仍参加仲裁程序或继续进行仲裁程序或经有效通知无正当理由缺席审理，而且不对此不遵守情况及时地、明示地提出书面异议的，视为放弃其提出异议的权利。

第二章　仲裁程序

第一节　仲裁申请、答辩、反请求

第十一条　仲裁程序的开始

仲裁程序自仲裁委员会仲裁院收到仲裁申请书之日起开始。申请人向仲裁委员会书面提交仲裁申请及/或通过仲裁委员会网上立案系统申请仲裁的，仲裁程序开始于最先收到的日期。

第十二条　申请仲裁

（一）当事人依据本规则申请仲裁时应：

1. 提交由申请人或申请人授权的代理人签名及/或盖章的仲裁申请书。仲裁申请书应写明：

（1）申请人和被申请人的名称和住所，包括邮政编码、电话、传真、电子邮箱或其他电子通讯方式；

（2）申请仲裁所依据的仲裁协议；

（3）案情和争议要点；

（4）申请人的仲裁请求；

（5）仲裁请求所依据的事实和理由。

2. 在提交仲裁申请书时，附具申请人请求所依据的证据材料以及其他证明文件。

3. 按照仲裁委员会制定的仲裁费用表的规定预缴仲裁费。

（二）仲裁协议约定仲裁前应进行协商、调解程序的，可协商、调解后提交仲裁申请，但未协商、未调解，不影响申请人提起仲裁申请及仲裁委员会仲裁院受理仲裁案件，除非所适用的法律或仲裁协议对此明确作出了相反规定。

第十三条　案件的受理

（一）仲裁委员会根据当事人在争议发生之前或在争议发生之后达成的将争议提交仲裁委员会仲裁的仲裁协议和一方当事人的书面申请，受理案件。

（二）仲裁委员会仲裁院收到申请人的仲裁申请书及其附件后，经审查，认为申请仲裁的手续完备的，应将仲裁通知、仲裁委员会仲裁规则和仲裁员名册各一份发送给双方当事人；申请人的仲裁申请书及其附件也应同时发送给被申请人。

（三）仲裁委员会仲裁院经审查认为申请仲裁的手续不完备的，可以要求申请人在一定的期限内予以完备。申请人未能在规定期限内完备申请仲裁手续的，视同申请人未提出仲裁申请；申请人的仲裁申请书及其附件，仲裁委员会仲裁院不予留存。

（四）仲裁委员会受理案件后，仲裁委员会仲裁院应指定一名案件秘书协助仲裁案件的程序管理。

第十四条　多合同仲裁及仲裁中追加合同

（一）申请人就多个合同项下的争议可在单个仲裁案件中合并提出仲裁申请，但应同时符合下列条件：

1. 多个合同系主从合同关系，或多个合同所涉当事人相同且法律关系性质相同，或多个合同所涉标的具有牵连关系；

2. 多个合同所涉争议源于同一交易或同一系列交易；

3. 多个合同中的仲裁协议内容相同或相容。

（二）同时符合上述第（一）款1、2、3项规定情形的，申请人可在仲裁程序中申请追加合同，但上述申请过迟影响仲裁程序正常进行的，可决定不予追加合同。

（三）上述第（一）（二）款程序事项，由仲裁委员会仲裁院决定。在仲裁庭组成后提出追加合同申请的，由仲裁庭决定。

第十五条　答辩

（一）被申请人应自收到仲裁通知后45天内提交答辩书。被申请人确有正当理由请求延长提交答辩期限的，由仲裁庭决定是否延长答辩期限；仲裁庭尚未组成的，由仲裁委员会仲裁院作出决定。

（二）答辩书由被申请人或被申请人授权的代理人签名及/或盖章，并应包括下列内容及附件：

1. 被申请人的名称和住所，包括邮政编码、电话、传真、电子邮箱或其他电子通讯方式；

2. 对仲裁申请书的答辩及所依据的事实和理由；

3. 答辩所依据的证据材料以及其他证明文件。

（三）仲裁庭有权决定是否接受逾期提交的答辩书。

（四）被申请人未提交答辩书，不影响仲裁程序的进行。

第十六条　反请求

（一）被申请人如有反请求，应自收到仲裁通知后45天内以书面形式提交。被申请人确有正当理由请求延长提交反请求期限的，由仲裁庭决定是否延长反请求期限；仲裁庭尚未组成的，由仲裁委员会仲裁院作出决定。

（二）被申请人提出反请求时，应在其反请求申请书中写明具体的反请求事项及其所依据的事实和理由，并附具有关的证据材料以及其他证明文件。

（三）被申请人提出反请求，应按照仲裁委员会制定的仲裁费用表在规定的时间内预缴仲裁费。被申请人未按期缴纳反请求仲裁费的，视同未提出反请求申请。

（四）仲裁委员会仲裁院认为被申请人提出反请求的手续已完备的，应向双方当事人发出反请求受理通知。申请人应在收到反请求受理通知后30天内针对被申请人的反请求提交答辩。申请人确有正当理由请求延长提交答辩期限的，由仲裁庭决定是否延长答辩期限；仲裁庭尚未组成的，由仲裁委员会仲裁院作出决定。

（五）仲裁庭有权决定是否接受逾期提交的反请求和反请求答辩书。

（六）申请人对被申请人的反请求未提出书面答辩的，不影响仲裁程序的进行。

第十七条　变更仲裁请求或反请求

申请人可以申请对仲裁请求进行变更，被申请人也可以申请对反请求进行变更；但是仲裁庭认为提出变更的时间过迟而影响仲裁程序正常进行的，可以拒绝受理变更请求申请。

第十八条　追加当事人

（一）在仲裁程序中，一方当事人依据表面上约束被追加当事人的案涉仲裁协议可以向仲裁委员会申请追加当事人。在仲裁庭组成后申请追加当事人的，如果仲裁庭认为确有必要，应在征求包括被追加当事人在内的各方当事人的意见后，由仲裁委员会作出决定。

仲裁委员会仲裁院收到追加当事人申请之日视为针对该被追加当事人的仲裁开始之日。

（二）追加当事人申请书应包含现有仲裁案件的案号，涉及被追加当事人在内的所有当事人的名称、住所及通讯方式，追加当事人所依据的仲裁协议、事实和理由，以及仲裁请求。

当事人在提交追加当事人申请书时，应附具其申请所依据的证据材料以及其他证明文件。

（三）任何一方当事人就追加当事人程序提出仲裁协议及/或仲裁案件管辖权异议的，适用本规则第六条相关规定作出管辖权决定。

（四）追加当事人程序开始后，在仲裁庭组成之前，由仲裁委员会仲裁院就仲裁程序的进行作出决定；在仲裁庭组成之后，由仲裁庭就仲裁程序的进行作出决定。

（五）在仲裁庭组成之前追加当事人的，本规则有关当事人选定或委托仲裁委员会主任指定仲裁员的规定适用于被追加当事人。仲裁庭的组成应按照本规则第二十九条的规定进行。

在仲裁庭组成后决定追加当事人的，仲裁庭应就已经进行的包括仲裁庭组成在内的仲裁程序征求被追加当事人的意见。被追加当事人要求选定或委托仲裁委员会主任指定仲裁员的，双方当事人应重新选定或委托仲裁委员会主任指定仲裁员。仲裁庭的组成应按照本规则第二十九条的规定进行。

（六）本规则有关当事人提交答辩及反请求的规定适用于被追加当事人。被追加当事人提交答辩及反请求的期限自收到追加当事人仲裁通知后起算。

（七）案涉仲裁协议表面上不能约束被追加当事人或存在其他任何不宜追加当事人的情形的，仲裁委员会有权决定不予追加。

第十九条　合并仲裁

（一）符合下列条件之一的，经一方当事人请求，仲裁委员会可以决定将根据本规则进行的两个或两个以上的仲裁案件合并为一个仲裁案件进行审理。

1. 各案仲裁请求依据同一个仲裁协议提出；

2. 各案仲裁请求依据多个合同仲裁协议提出，该多个合同系主从合同关系、或多个合同所涉当事人相同及法律关系性质相同、或多个合同所涉标的具有牵连关系，且多个合同仲裁协议内容相同或相容；

3. 所有案件的当事人均同意合并仲裁。

（二）根据上述第（一）款决定合并仲裁时，仲裁委员会应考虑各方当事人的意见及相关仲裁案件之间的关联性等因素，包括不同案件的仲裁员的选定或指定情况。

（三）除非各方当事人另有约定，合并的仲裁案件应合并至最先开始仲裁程序的仲裁案件。

（四）仲裁案件合并后，在仲裁庭组成之前，由仲裁委员会仲裁院就程序的进行作出决定；仲裁庭组成后，由仲裁庭就程序的进行作出决定。

第二十条　仲裁文件的提交与交换

（一）当事人的仲裁文件应提交至仲裁委员会仲裁院。

（二）仲裁程序中需发送或转交的仲裁文件，由仲裁委员会仲裁院发送或转交仲裁庭及当事人，当事人另有约定并经仲裁庭同意或仲裁庭另有决定者除外。

第二十一条　仲裁文件的提交方式与份数

（一）当事人的仲裁申请书、答辩书、反请求书和证据材料以及其他仲裁文件可优先采用电子方式提交。

（二）当事人以电子方式提交的，如仲裁委员会仲裁院或仲裁庭认为有必要，可要求其提交相同的纸质文本。电子文本与纸质文本不一致的，以电子文本为准，除非当事人另有约定。

（三）当事人以纸质方式提交的，应一式五份；多方当事人的案件，应增加相应份数；当事人提出保全措施申请的，应增加相应份数；仲裁庭组成人数为一人的，应相应减少两份。

第二十二条　仲裁代理人

（一）当事人可以授权中国及/或外国的仲裁代理人办理有关仲裁事项。当事人或其仲裁代理人应向仲裁委员会仲裁院提交授权委托书，仲裁委员会仲裁院应将授权委托书转交相关当事人和仲裁庭。

（二）仲裁庭组成后当事人变更或新增仲裁代理人的，仲裁委员会仲裁院院长可考虑当事人在合理期限内对仲裁员回避事项发表意见的情况、仲裁庭审理案件的进展等因素，采取必要措施防止仲裁员因当事人代理人的变化而产生的利益冲突，包括排除新的仲裁代理人参与仲裁程序。

第二十三条　保全措施及临时措施

（一）当事人申请保全措施的，仲裁委员会应当将当事人的保全措施申请转交当事人指明的有管辖权的法院。

仲裁委员会可依据当事人的请求，将其提交的保全措施申请在仲裁通知发出前先行转交上述法院。

（二）根据所适用的法律或当事人的约定，当事人可以依据《中国国际经济贸易仲裁委员会紧急仲裁员程序》（本规则附件三）向仲裁委员会仲裁院申请紧急性临时救济。紧急仲裁员可以决定采取必要或适当的紧急性临时救济措施。紧急仲裁员决定对双方当事人具有约束力。

（三）经一方当事人请求，仲裁庭依据所适用的法律或当事人的约定可以决定采取其认为必要或适当的临时措施，并有权决定由请求临时措施的一方当事人提供适当的担保。

第二节　仲裁员及仲裁庭

第二十四条　仲裁员的义务

（一）仲裁员不代表任何一方当事人，应保持中立并独立于各方当事人，平等地对待各方当事人。

（二）仲裁员接受指定/选定的，应按本规则履行职责，勤勉高效推进仲裁程序。

第二十五条　仲裁庭的人数

（一）仲裁庭由一名或三名仲裁员组成。

（二）除非当事人另有约定或本规则另有规定，仲裁庭由三名仲裁员组成。

第二十六条　仲裁员的选定或指定

（一）仲裁委员会制定统一适用于仲裁委员会及其分会/仲裁中心的仲裁员名册；当事人从仲裁委员会制定的仲裁员名册中选定仲

裁员。

（二）当事人约定在仲裁委员会仲裁员名册之外选定仲裁员的，当事人选定的或根据当事人约定指定的人士经仲裁委员会主任确认后可以担任仲裁员。

（三）仲裁庭根据本规则规定组成，但当事人另有约定者除外。

（四）如果当事人约定的组庭方式存在显著的不公平或不公正，或当事人滥用权利导致仲裁程序不必要的拖延，仲裁委员会主任可依据公平原则确定组庭方式或指定仲裁庭的任一组成人员。

第二十七条　三人仲裁庭的组成

（一）申请人和被申请人应各自在收到仲裁通知后 15 天内选定或委托仲裁委员会主任指定一名仲裁员。当事人未在上述期限内选定或委托仲裁委员会主任指定的，由仲裁委员会主任指定。

（二）第三名仲裁员由双方当事人在被申请人收到仲裁通知后 15 天内共同选定或共同委托仲裁委员会主任指定。第三名仲裁员为仲裁庭的首席仲裁员。双方当事人未在上述期限内共同选定或共同委托仲裁委员会主任指定的，由仲裁委员会主任指定首席仲裁员。

（三）双方当事人可以约定由其各自选定的两名仲裁员共同选定首席仲裁员，该两名仲裁员在分别接受选定后 7 天内共同选定或共同委托仲裁委员会主任指定首席仲裁员，未在上述期限内共同选定或共同委托仲裁委员会主任指定的，由仲裁委员会主任指定首席仲裁员。

（四）双方当事人可以各自推荐一至五名候选人作为首席仲裁员人选，并按照上述第（二）款规定的期限提交推荐名单。双方当事人的推荐名单中有一名人选相同的，该人选为双方当事人共同选定的首席仲裁员；有一名以上人选相同的，由仲裁委员会主任根据案件的具体情况在相同人选中确定一名首席仲裁员，该名首席仲裁员仍为双方共同选定的首席仲裁员；推荐名单中没有相同人选时，由仲裁委员会主任在推荐名单外指定首席仲裁员。

（五）经双方当事人约定或共同请求，仲裁委员会主任可以提名3名首席仲裁员人选供其在收到提名名单后7日内选定首席仲裁员。

除非当事人另有约定，本款应使用下述名单方法指定/选定首席仲裁员：

1. 每一方当事人可排除其反对的一人或数人并将提名名单上保留的人选名单提交仲裁委员会仲裁院。

2. 如双方当事人保留名单有一名相同人选的，则该人选为双方当事人共同选定的首席仲裁员；如双方当事人保留名单有两名或以上相同人选的，则由仲裁委员会主任根据案件的具体情况确定其中一名人选为首席仲裁员，该名首席仲裁员仍为双方共同选定的首席仲裁员；双方当事人未选定相同人选时，由仲裁委员会主任在提名名单外指定首席仲裁员。

第二十八条　独任仲裁庭的组成

仲裁庭由一名仲裁员组成的，按照本规则第二十七条第（二）（四）（五）款规定的程序，选定或指定独任仲裁员。

第二十九条　多方当事人仲裁庭的组成

（一）仲裁案件有两个或两个以上申请人及/或被申请人时，申请人方及/或被申请人方应各自协商，各方共同选定或共同委托仲裁委员会主任指定一名仲裁员。

（二）首席仲裁员或独任仲裁员应按照本规则第二十七条第（二）（四）（五）款规定的程序选定或指定。申请人方及/或被申请人方按照本规则第二十七条的规定选定首席仲裁员或独任仲裁员时，应各方共同协商，提交各方共同选定的候选人名单。

（三）如果申请人方及/或被申请人方未能在收到仲裁通知后15天内各方共同选定或各方共同委托仲裁委员会主任指定一名仲裁员，则由仲裁委员会主任指定仲裁庭三名仲裁员，并从中确定一人担任首席仲裁员。

第三十条　指定仲裁员的考虑因素

仲裁委员会主任根据本规则的规定指定仲裁员时，应考虑争议的适用法律、仲裁地、仲裁语言、当事人国籍、争议类型，以及仲裁委员会主任认为应考虑的其他因素。

第三十一条　披露

（一）被选定或被指定的仲裁员应签署声明书，披露可能引起对其公正性和独立性产生合理怀疑的任何事实或情形。

（二）在仲裁程序中出现应披露的事实或情形的，仲裁员应立即书面披露。

（三）仲裁员的声明书及/或披露的信息应提交仲裁委员会仲裁院并转交各方当事人及其他仲裁庭组成人员。

第三十二条　仲裁员的回避

（一）当事人收到仲裁员的声明书及/或书面披露后，如果以披露的事实或情况为理由要求该仲裁员回避，则应于收到仲裁员的书面披露后10天内书面提出。逾期没有申请回避的，不得以仲裁员曾经披露的事项为由申请该仲裁员回避。

（二）当事人对被选定或被指定的仲裁员的公正性和独立性产生具有正当理由的怀疑时，可以书面提出要求该仲裁员回避的请求，但应说明提出回避请求所依据的具体事实和理由，并举证。

（三）对仲裁员的回避请求应在收到组庭通知后15天内以书面形式提出；在此之后得知要求回避事由的，可以在得知回避事由后15天内提出，但应不晚于最后一次开庭终结。

（四）当事人的回避请求应当立即转交另一方当事人、被请求回避的仲裁员及仲裁庭其他成员。

（五）如果一方当事人请求仲裁员回避，另一方当事人同意回避请求，或被请求回避的仲裁员主动提出不再担任该仲裁案件的仲裁员，则该仲裁员不再担任仲裁员审理本案。上述情形并不表示当事人提出回避的理由成立。

（六）除上述第（五）款规定的情形外，仲裁员是否回避，由仲裁委员会主任作出终局决定并可以不说明理由。

（七）在仲裁委员会主任就仲裁员是否回避作出决定前，被申请回避的仲裁员应继续履行职责。

第三十三条　仲裁员的更换

（一）仲裁员在法律上或事实上不能履行职责，或没有按照本规则的要求或在本规则规定的期限内履行应尽职责时，仲裁委员会主任有权决定将其更换；该仲裁员也可以主动申请不再担任仲裁员。

（二）是否更换仲裁员，由仲裁委员会主任作出终局决定并可以不说明理由。

（三）在仲裁员因回避或更换不能履行职责时，应按照原选定或指定仲裁员的方式在仲裁委员会仲裁院规定的合理期限内选定或指定替代的仲裁员。当事人未选定或指定替代仲裁员的，由仲裁委员会主任指定替代的仲裁员。

（四）重新选定或指定仲裁员后，由仲裁庭决定是否重新审理及重新审理的范围。

第三十四条　多数仲裁员继续仲裁程序

最后一次开庭终结后，如果三人仲裁庭中的一名仲裁员因死亡或被除名等情形而不能参加合议及/或作出裁决，另外两名仲裁员可以请求仲裁委员会主任按照第三十三条的规定更换该仲裁员；在征求双方当事人意见并经仲裁委员会主任同意后，该两名仲裁员也可以继续进行仲裁程序，作出决定或裁决。仲裁委员会仲裁院应将上述情况通知双方当事人。

第三节　审　　理

第三十五条　审理方式

（一）除非当事人另有约定，仲裁庭可以按照其认为适当的方式审理案件。在任何情形下，仲裁庭均应公平和公正地行事，给予双方当事人陈述与辩论的合理机会。

（二）仲裁庭应开庭审理案件，但双方当事人约定并经仲裁庭同意或仲裁庭认为不必开庭审理并征得双方当事人同意的，可以只依据书面文件进行审理。

（三）除非当事人另有约定，仲裁庭可以根据案件的具体情况采用询问式或辩论式的庭审方式审理案件。

（四）仲裁庭可以在其认为适当的地点以其认为适当的方式进行合议。

（五）除非当事人另有约定，仲裁庭认为必要时可以就所审理的案件发布程序令、发出问题单、制作审理范围书、举行庭前会议等。经仲裁庭其他成员授权，首席仲裁员可以单独就仲裁案件的程序安排作出决定。

第三十六条　开庭地

（一）当事人约定开庭地点的，仲裁案件的开庭审理应当在约定的地点进行，但出现本规则第八十五条第（三）款规定的情形的除外。

（二）除非当事人另有约定，由仲裁委员会仲裁院或其分会/仲裁中心仲裁院管理的案件应分别在北京或分会/仲裁中心所在地开庭审理；如仲裁庭认为必要，经仲裁委员会仲裁院院长同意，也可以在其他地点开庭审理。

第三十七条　开庭审理

（一）开庭审理的案件，仲裁庭确定第一次开庭日期后，应不晚于开庭前 20 天将开庭日期通知双方当事人。当事人有正当理由的，可以请求延期开庭，但应于收到开庭通知后 5 天内提出书面延期申请；是否延期，由仲裁庭决定。

（二）当事人有正当理由未能按上述第（一）款规定提出延期开庭申请的，是否接受其延期申请，由仲裁庭决定。

（三）再次开庭审理的日期及延期后开庭审理日期的通知及其延

期申请，不受上述第（一）款期限的限制。

（四）开庭审理的案件，当事人及其仲裁代理人有权参加开庭。其他仲裁参与人参加开庭由仲裁庭决定。除非经仲裁庭和当事人同意，仲裁参与人之外的人员不得出席。

（五）仲裁庭可在商各方当事人意见后，根据仲裁案件的具体情况，自行决定以现场出席、远程视频及其他适当的电子通讯方式开庭。

（六）仲裁委员会仲裁院提供开庭设施及远程视频开庭的行政后勤支持。

第三十八条　保密

（一）仲裁庭审理案件不公开进行。双方当事人要求公开审理的，由仲裁庭决定是否公开审理。

（二）不公开审理的案件，双方当事人及其仲裁代理人、仲裁员、证人、翻译、仲裁庭咨询的专家和指定的鉴定人，以及其他有关人员，均不得对外界透露案件实体和程序的有关情况。

第三十九条　缺席审理

（一）申请人无正当理由开庭时不到庭的，或在开庭审理时未经仲裁庭许可中途退庭的，可以视为撤回仲裁申请；被申请人提出反请求的，不影响仲裁庭就反请求进行审理，并作出裁决。

（二）被申请人无正当理由开庭时不到庭的，或在开庭审理时未经仲裁庭许可中途退庭的，仲裁庭可以进行缺席审理并作出裁决；被申请人提出反请求的，可以视为撤回反请求。

第四十条　庭审笔录

（一）开庭审理时，仲裁庭可以制作庭审笔录及/或影音记录。仲裁庭认为必要时，可以制作庭审要点，并要求当事人及/或其代理人、证人及/或其他有关人员在庭审笔录或庭审要点上签字或盖章。

（二）当事人和其他仲裁参与人认为对自己陈述的记录有遗漏或有差错的，可以申请补正；仲裁庭不同意其补正的，应将该申请记录在案。

（三）庭审笔录、庭审要点和影音记录供仲裁庭查用。

（四）应一方当事人申请，仲裁委员会仲裁院视案件具体情况可以决定聘请速录人员记录庭审笔录，当事人应当预交由此产生的费用。

第四十一条　举证

（一）当事人应对其申请、答辩和反请求所依据的事实提供证据加以证明，对其主张、辩论及抗辩要点提供依据。

（二）仲裁庭可以规定当事人提交证据的期限。当事人应在规定的期限内提交证据。逾期提交的，仲裁庭可以不予接受。当事人在举证期限内提交证据材料确有困难的，可以在期限届满前申请延长举证期限。是否延长，由仲裁庭决定。

（三）当事人未能在规定的期限内提交证据，或虽提交证据但不足以证明其主张的，负有举证责任的当事人承担因此产生的后果。

（四）除非当事人另有约定，仲裁庭可以决定适用或部分适用《中国国际经济贸易仲裁委员会证据指引》（以下简称《证据指引》）审理案件，但该《证据指引》不构成本规则的组成部分。

第四十二条　质证

（一）除非当事人另有约定或协商一致，开庭审理的案件，证据应在开庭时出示，当事人可以质证。

（二）对于书面审理的案件的证据材料，或对于开庭后提交的证据材料且当事人同意书面质证的，可以进行书面质证。书面质证时，当事人应在仲裁庭规定的期限内提交书面质证意见。

第四十三条　仲裁庭调查取证

（一）仲裁庭认为必要时，可以调查事实，收集证据。

（二）仲裁庭调查事实、收集证据时，可以通知当事人到场。经通知，一方或双方当事人不到场的，不影响仲裁庭调查事实和收集证据。

（三）仲裁庭调查收集的证据，应转交当事人，给予当事人提出意见的机会。

第四十四条　专家报告及鉴定报告

（一）仲裁庭可以就案件中的专门问题向专家咨询或指定鉴定人进行鉴定。专家和鉴定人可以是中国或外国的机构或自然人。

（二）仲裁庭有权要求当事人、当事人也有义务向专家或鉴定人提供或出示任何有关资料、文件或财产、实物，以供专家或鉴定人审阅、检验或鉴定。

（三）专家报告和鉴定报告的副本应转交当事人，给予当事人提出意见的机会。一方当事人申请或仲裁庭要求专家或鉴定人参加开庭的，专家或鉴定人应参加开庭，并在仲裁庭认为必要时就所作出的报告进行解释。

第四十五条　程序中止

（一）双方当事人共同或分别请求中止仲裁程序，或出现其他需要中止仲裁程序的情形的，仲裁程序可以中止。

（二）中止程序的原因消失或中止程序期满后，仲裁程序恢复进行。

（三）仲裁程序的中止及恢复，由仲裁庭决定；仲裁庭尚未组成的，由仲裁委员会仲裁院院长决定。

第四十六条　撤回申请和撤销案件

（一）当事人可以撤回全部仲裁请求或全部仲裁反请求。申请人撤回全部仲裁请求的，不影响仲裁庭就被申请人的仲裁反请求进行审理和裁决。被申请人撤回全部仲裁反请求的，不影响仲裁庭就申请人的仲裁请求进行审理和裁决。

（二）因当事人自身原因或相关法律规定致使仲裁程序不能进行的，可以视为其撤回仲裁请求。

（三）仲裁请求和反请求全部撤回的，案件可以撤销。在仲裁庭组成前撤销案件的，由仲裁委员会仲裁院院长作出撤案决定；仲裁庭组成后撤销案件的，由仲裁庭作出撤案决定。

（四）上述第（三）款及本规则第六条第（七）款所述撤案决定应加盖“中国国际经济贸易仲裁委员会”印章。

第四十七条　仲裁与调解相结合

（一）双方当事人有调解愿望的，或一方当事人有调解愿望并经仲裁庭征得另一方当事人同意的，仲裁庭可以在仲裁程序中对案件进行调解。双方当事人也可以自行和解。

（二）仲裁庭在征得双方当事人同意后可以按照其认为适当的方式进行调解。

（三）调解过程中，任何一方当事人提出终止调解或仲裁庭认为已无调解成功的可能时，仲裁庭应终止调解。

（四）双方当事人经仲裁庭调解达成和解或自行和解的，应签订和解协议。

（五）当事人经调解达成或自行达成和解协议的，可以撤回仲裁请求或反请求，也可以请求仲裁庭根据当事人和解协议的内容作出裁决书或制作调解书。

（六）当事人请求制作调解书的，调解书应当写明仲裁请求和当事人书面和解协议的内容，由仲裁员署名，并加盖“中国国际经济贸易仲裁委员会”印章，送达双方当事人。

（七）调解不成功的，仲裁庭应当继续进行仲裁程序并作出裁决。

（八）当事人有调解愿望但不愿在仲裁庭主持下进行调解的，经双方当事人同意，仲裁委员会可以协助当事人以适当的方式和程序进行调解。

（九）如果调解不成功，任何一方当事人均不得在其后的仲裁程序、司法程序和其他任何程序中援引对方当事人或仲裁庭在调解过程中曾发表的意见、提出的观点、作出的陈述、表示认同或否定的建议或主张作为其请求、答辩或反请求的依据。

（十）当事人在仲裁程序开始之前自行达成或经调解达成和解协议的，可以依据由仲裁委员会仲裁的仲裁协议及其和解协议，请求仲裁委员会组成仲裁庭，按照和解协议的内容作出仲裁裁决。除非当事人另有约定，仲裁委员会主任指定一名独任仲裁员成立仲裁庭，由仲裁庭按照其认为适当的程序进行审理并作出裁决。具体程序和期限，不受本规则其他条款关于程序和期限的限制。

第四十八条　第三方资助

（一）获得第三方资助的当事人应在签署资助协议后，毫不迟延地将第三方资助安排的事实、经济利益、第三方的名称与住址等情况提交仲裁委员会仲裁院。仲裁委员会仲裁院应转交相关当事人和仲裁庭。仲裁庭认为必要的，可要求获得第三方资助的当事人披露相关情况。

（二）在就仲裁费用和其他相关费用作出裁决时，仲裁庭可以考虑是否存在第三方资助的情形，以及当事人是否遵守第（一）款的规定。

第四十九条　中间裁决

（一）仲裁庭认为必要或当事人提出请求并经仲裁庭同意的，仲裁庭可以在作出最终裁决之前，就案件的任何问题作出中间裁决。

（二）任何一方当事人不履行中间裁决，不影响仲裁程序的继续进行，也不影响仲裁庭作出最终裁决。

第五十条　早期驳回程序

（一）当事人可以以仲裁请求或反请求明显缺乏法律依据或明显超出仲裁庭的管辖范围为由申请早期驳回全部或部分仲裁请求或反请求（以下简称“早期驳回程序申请”）。

（二）当事人应以书面形式提出早期驳回程序申请，并应说明其事实和法律依据。仲裁庭可要求提出请求的一方当事人提供正当理由，并可要求其证明实施早期驳回程序将加快整个仲裁程序，以防止当事人滥用早期驳回程序申请拖延仲裁程序。当事人提起早期驳回申请不影响仲裁庭继续进行仲裁程序。

（三）当事人应尽可能及早提交早期驳回程序申请，除非仲裁庭另有决定，早期驳回程序申请最迟应不晚于提交答辩书或反请求答辩书时提出。

（四）在征询双方当事人意见后，仲裁庭可以对早期驳回程序申请作出是否受理决定。

（五）仲裁庭应在早期驳回程序申请提出之日起60天内对该请求作出决定或裁决，并附具理由。经仲裁庭请求，仲裁委员会仲裁院院长认为确有正当理由和必要的，可以适当延长该期限。

（六）仲裁庭裁决支持或部分支持早期驳回程序申请的，不影响仲裁庭对其他仲裁请求和反请求的继续审理。

第三章　裁　　决

第五十一条　作出裁决的期限

（一）仲裁庭应在组庭后6个月内作出裁决书。

（二）经仲裁庭请求，仲裁委员会仲裁院院长认为确有正当理由和必要的，可以延长该期限。

（三）程序中止的期间不计入上述第（一）款规定的裁决期限。

第五十二条　裁决的作出

（一）仲裁庭应当根据事实和合同约定，依照法律规定，参考国际惯例，公平合理、独立公正地作出裁决。

（二）当事人对于案件实体适用法有约定的，从其约定。当事人没有约定或其约定与法律强制性规定相抵触的，由仲裁庭决定案件实体应适用的法律或法律规则。

（三）仲裁庭在裁决书中应写明仲裁请求、争议事实、裁决理由、裁决结果、仲裁费用的承担、裁决的日期和地点。当事人协议不写明争议事实和裁决理由的，以及按照双方当事人和解协议的内容作出裁决书的，可以不写明争议事实和裁决理由。仲裁庭有权在裁决书中确定当事人履行裁决的具体期限及逾期履行所应承担的责任。

（四）裁决书应加盖“中国国际经济贸易仲裁委员会”印章。

（五）由三名仲裁员组成的仲裁庭审理的案件，裁决依全体仲裁员或多数仲裁员的意见作出。少数仲裁员的书面意见应附卷，并可以附在裁决书后，该书面意见不构成裁决书的组成部分。

（六）仲裁庭不能形成多数意见的，裁决依首席仲裁员的意见作出。其他仲裁员的书面意见应附卷，并可以附在裁决书后，该书面意见不构成裁决书的组成部分。

（七）除非裁决依首席仲裁员意见或独任仲裁员意见作出并由其署名，裁决书应由多数仲裁员署名。持有不同意见的仲裁员可以在裁决书上署名，也可以不署名。仲裁员电子签名与手写署名具有同等效力。

（八）作出裁决书的日期，即为裁决发生法律效力的日期。

（九）裁决是终局的，对双方当事人均有约束力。

（十）向双方当事人送达的裁决书应为纸质文本。如双方当事人约定，或仲裁委员会认为有必要的，裁决书可以电子文本送达。

第五十三条　部分裁决

（一）仲裁庭认为必要或当事人提出请求并经仲裁庭同意的，仲裁庭可以在作出最终裁决之前，就当事人的某些请求事项先行作出部分裁决。部分裁决是终局的，对双方当事人均有约束力。

（二）一方当事人不履行部分裁决，不影响仲裁程序的继续进行，也不影响仲裁庭作出最终裁决。

第五十四条　裁决书草案的核阅

仲裁庭应在签署裁决书之前将裁决书草案提交仲裁委员会核阅。在不影响仲裁庭独立裁决的情况下，仲裁委员会可以就裁决书的有关问题提请仲裁庭注意。

第五十五条　费用承担

（一）仲裁庭有权在裁决书中裁定当事人最终应向仲裁委员会支

付的仲裁费和其他费用。

（二）仲裁庭有权根据案件的具体情况在裁决书中裁定败诉方应补偿胜诉方因办理案件而支出的合理费用。仲裁庭裁定败诉方补偿胜诉方因办理案件而支出的费用是否合理时，应具体考虑案件的裁决结果、复杂程度、胜诉方当事人及/或代理人的实际工作量以及案件的争议金额等因素。

第五十六条　裁决书的更正

（一）仲裁庭可以在发出裁决书后的合理时间内自行以书面形式对裁决书中的书写、打印、计算上的错误或其他类似性质的错误或遗漏事项作出更正。

（二）任何一方当事人均可以在收到裁决书后 30 天内就裁决书中的书写、打印、计算上的错误或其他类似性质的错误或遗漏事项，书面申请仲裁庭作出更正；如确有错误，仲裁庭应在收到书面申请后 30 天内作出书面更正。

（三）上述书面更正构成裁决书的组成部分，应适用本规则第五十二条第（四）至（十）款的规定。

第五十七条　补充裁决

（一）如果裁决书中对仲裁请求/反请求有漏裁事项，仲裁庭可以在发出裁决书后的合理时间内自行作出补充裁决。

（二）任何一方当事人可以在收到裁决书后 30 天内以书面形式请求仲裁庭就裁决书中漏裁的事项作出补充裁决；如确有漏裁事项，仲裁庭应在收到上述书面申请后 30 天内作出补充裁决。

（三）该补充裁决构成裁决书的一部分，应适用本规则第五十二条第（四）至（十）款的规定。

第五十八条　裁决的履行

（一）当事人应依照裁决书写明的期限履行仲裁裁决；裁决书未写明履行期限的，应立即履行。

（二）一方当事人不履行裁决的，另一方当事人可以依法向有管辖权的法院申请执行。

第四章 简易程序

第五十九条 简易程序的适用

（一）除非当事人另有约定，凡争议金额不超过人民币 500 万元，或争议金额超过人民币 500 万元但经一方当事人书面申请并征得另一方当事人书面同意的，或双方当事人约定适用简易程序的，适用简易程序。

（二）没有争议金额或争议金额不明确的，由仲裁委员会根据案件的复杂程度、涉及利益的大小以及其他有关因素综合考虑决定是否适用简易程序。

第六十条 案件的受理

仲裁委员会仲裁院收到申请人的仲裁申请书及其附件后，经审查，认为符合本规则第十二条规定的受理条件并适用简易程序的，应向双方当事人发出仲裁通知。

第六十一条 仲裁庭的组成

除非当事人另有约定，适用简易程序的案件，依照本规则第二十八条的规定成立独任仲裁庭审理案件。

第六十二条 答辩和反请求

（一）被申请人应在收到仲裁通知后 20 天内提交答辩书及证据材料以及其他证明文件；如有反请求，也应在此期限内提交反请求书及证据材料以及其他证明文件。

（二）申请人应在收到反请求受理通知后 20 天内针对被申请人的反请求提交答辩。

（三）当事人确有正当理由请求延长上述期限的，由仲裁庭决定是否延长；仲裁庭尚未组成的，由仲裁委员会仲裁院作出决定。

第六十三条 审理方式

仲裁庭可以按照其认为适当的方式审理案件，可以在征求当事人意见后决定只依据当事人提交的书面材料和证据进行书面审理，也可以决定开庭审理。

第六十四条　开庭审理

（一）对于开庭审理的案件，仲裁庭确定第一次开庭日期后，应不晚于开庭前 15 天将开庭日期通知双方当事人。当事人有正当理由的，可以请求延期开庭，但应于收到开庭通知后 3 天内提出书面延期申请；是否延期，由仲裁庭决定。

（二）当事人有正当理由未能按上述第（一）款规定提出延期开庭申请的，是否接受其延期申请，由仲裁庭决定。

（三）再次开庭审理的日期及延期后开庭审理日期的通知及其延期申请，不受上述第（一）款期限的限制。

第六十五条　作出裁决的期限

（一）仲裁庭应在组庭后 3 个月内作出裁决书。

（二）经仲裁庭请求，仲裁委员会仲裁院院长认为确有正当理由和必要的，可以延长该期限。

（三）程序中止的期间不计入上述第（一）款规定的裁决期限。

第六十六条　程序变更

仲裁请求的变更或反请求的提出，不影响简易程序的继续进行。经变更的仲裁请求或反请求所涉争议金额分别超过人民币 500 万元的案件，除非当事人约定或仲裁庭认为有必要变更为普通程序，继续适用简易程序。

第六十七条　本规则其他条款的适用

本章未规定的事项，适用本规则其他各章的有关规定。

第五章　国内仲裁的特别规定

第六十八条　本章的适用

（一）国内仲裁案件，适用本章规定。

（二）符合本规则第五十九条规定的国内仲裁案件，适用第四章简易程序的规定。

第六十九条　案件的受理

仲裁委员会仲裁院收到申请人的仲裁申请书及其附件后，经审查，认为符合本规则第十二条规定的受理条件并适用国内仲裁程序的，应向双方当事人发出仲裁通知。

第七十条　仲裁庭的组成

仲裁庭应按照本规则第二十五条、第二十六条、第二十七条、第二十八条、第二十九条和第三十条的规定组成。

第七十一条　答辩和反请求

（一）被申请人应在收到仲裁通知后20天内提交答辩书及所依据的证据材料以及其他证明文件；如有反请求，也应在此期限内提交反请求书及所依据的证据材料以及其他证明文件。

（二）申请人应在收到反请求受理通知后20天内针对被申请人的反请求提交答辩。

（三）当事人确有正当理由请求延长上述期限的，由仲裁庭决定是否延长；仲裁庭尚未组成的，由仲裁委员会仲裁院作出决定。

第七十二条　开庭审理

（一）对于开庭审理的案件，仲裁庭确定第一次开庭日期后，应不晚于开庭前15天将开庭日期通知双方当事人。当事人有正当理由的，可以请求延期开庭，但应于收到开庭通知后3天内提出书面延期申请；是否延期，由仲裁庭决定。

（二）当事人有正当理由未能按上述第（一）款规定提出延期开庭申请的，是否接受其延期申请，由仲裁庭决定。

（三）再次开庭审理的日期及延期后开庭审理日期的通知及其延期申请，不受上述第（一）款期限的限制。

第七十三条　庭审笔录

（一）仲裁庭应将开庭情况记入笔录。当事人和其他仲裁参与人认为对自己陈述的记录有遗漏或有差错的，可以申请补正；仲裁庭不同意其补正的，应将该申请记录在案。

（二）庭审笔录由仲裁员、记录人员、当事人和其他仲裁参与人签名或盖章。

第七十四条　作出裁决的期限

（一）仲裁庭应在组庭后 4 个月内作出裁决书。

（二）经仲裁庭请求，仲裁委员会仲裁院院长认为确有正当理由和必要的，可以延长该期限。

（三）程序中止的期间不计入上述第（一）款规定的裁决期限。

第七十五条　本规则其他条款的适用

本章未规定的事项，适用本规则其他各章的有关规定。本规则第六章的规定除外。

第六章　香港仲裁的特别规定

第七十六条　本章的适用

（一）仲裁委员会在香港特别行政区设立仲裁委员会香港仲裁中心。本章适用于仲裁委员会香港仲裁中心接受仲裁申请并管理的仲裁案件。

（二）当事人约定将争议提交仲裁委员会香港仲裁中心仲裁或约定将争议提交仲裁委员会在香港仲裁的，由仲裁委员会香港仲裁中心接受仲裁申请并管理案件。

第七十七条　仲裁地及程序适用法

除非当事人另有约定，仲裁委员会香港仲裁中心管理的案件的仲裁地为香港，仲裁程序适用法为香港仲裁法，仲裁裁决为香港裁决。

第七十八条　管辖权决定的作出

当事人对仲裁协议及/或仲裁案件管辖权的异议，应不晚于第一次实体答辩前提出。

仲裁庭有权对仲裁协议的存在、效力以及仲裁案件的管辖权作出决定。

第七十九条 仲裁员的选定或指定

仲裁委员会现行仲裁员名册在仲裁委员会香港仲裁中心管理的案件中推荐使用，当事人可以在仲裁委员会仲裁员名册外选定仲裁员。被选定的仲裁员应经仲裁委员会主任确认。

第八十条 临时措施和紧急救济

(一) 除非当事人另有约定，应一方当事人申请，仲裁庭有权决定采取适当的临时措施。

(二) 在仲裁庭组成之前，当事人可以按照《中国国际经济贸易仲裁委员会紧急仲裁员程序》（本规则附件三）申请紧急性临时救济。

第八十一条 裁决书的印章

裁决书应加盖“中国国际经济贸易仲裁委员会香港仲裁中心”印章。

第八十二条 仲裁收费

依本章接受申请并管理的案件适用《中国国际经济贸易仲裁委员会仲裁费用表（三）》（本规则附件二）。

第八十三条 本规则其他条款的适用

本章未规定的事项，适用本规则其他各章的有关规定，本规则第五章的规定除外。

第七章 附 则

第八十四条 仲裁语言

(一) 当事人对仲裁语言有约定的，从其约定。

(二) 当事人对仲裁语言没有约定的，以中文为仲裁语言。仲裁委员会也可以在适当考虑合同所用语言在内的所有情况后决定使用一种或数种语言进行仲裁。仲裁庭组成后，可根据案件具体情形重新确定仲裁程序使用的仲裁语言。

（三）仲裁庭开庭时，当事人或其代理人、证人需要语言翻译的，可由仲裁委员会仲裁院提供译员，也可由当事人自行提供译员。

（四）当事人提交的各种文书和证明材料，仲裁庭或仲裁委员会仲裁院认为必要时，可以要求当事人提供相应的中文译本或其他语言译本。

第八十五条　仲裁费用及实际费用

（一）仲裁委员会除按照制定的仲裁费用表向当事人收取仲裁费外，还可以向当事人收取其他额外的、合理的实际费用，包括仲裁员办理案件的特殊报酬、差旅费、食宿费、聘请速录员速录费，以及仲裁庭聘请专家、鉴定人和翻译等费用。

仲裁员的特殊报酬由双方当事人约定或仲裁员提出经由仲裁委员会仲裁院商相关当事人同意后可以小时费率为基础报价，并参照《中国国际经济贸易仲裁委员会仲裁费用表（三）》（本规则附件二）三（二）“仲裁员报酬和费用（以小时费率为基础）”的标准及相关规定确定。

（二）当事人未在仲裁委员会规定的期限内为其选定的仲裁员预缴特殊报酬、差旅费、食宿费等实际费用的，视为没有选定仲裁员。

（三）当事人约定在仲裁委员会或其分会/仲裁中心所在地之外开庭的，应预缴因此而发生的差旅费、食宿费等实际费用。当事人未在仲裁委员会规定的期限内预缴有关实际费用的，应在仲裁委员会或其分会/仲裁中心所在地开庭。

（四）当事人约定以两种或两种以上语言为仲裁语言的，或根据本规则第五十九条的规定适用简易程序的案件但当事人约定由三人仲裁庭审理的，仲裁委员会可以向当事人收取额外的、合理的费用。

（五）仲裁委员会为当事人提供本规则第二条第（七）款规定的临时仲裁服务的，视当事人请求及案件具体情况，经与双方当事人协商决定收取相关仲裁费用，并通知当事人在规定的期限内支付。当事人未缴纳或未足额缴纳的，仲裁委员会可全部或部分中止提供临时仲裁服务，并可视为其撤回了相关请求。

第八十六条　责任限制

仲裁委员会及其工作人员、仲裁员、紧急仲裁员和仲裁程序中仲裁庭聘请的相关人员，不就其根据本规则进行的任何与仲裁有关的行为包括任何过失、作为和不作为，向任何人承担任何民事责任，且不负有作证义务，除非仲裁所适用的法律另有规定。

第八十七条　规则的解释

（一）本规则条文标题不用于解释条文含义。

（二）本规则由仲裁委员会负责解释。

第八十八条　规则的施行

本规则自2024年1月1日起施行。本规则施行前仲裁委员会及其分会/仲裁中心管理的案件，仍适用受理案件时适用的仲裁规则；双方当事人同意的，也可以适用本规则。

附件：（略）

中国海事仲裁委员会仲裁规则

（2021年9月13日中国国际贸易促进委员会/中国国际商会修订并通过　自2021年10月1日起施行）

第一章　总　　则

第一条　仲裁委员会

（一）中国海事仲裁委员会（以下简称“仲裁委员会”），原名中国国际贸易促进委员会海事仲裁委员会。

（二）当事人在仲裁协议中订明由中国国际贸易促进委员会/中国国际商会的海事仲裁委员会仲裁的，或使用仲裁委员会原名称为仲裁机构的，视为同意由中国海事仲裁委员会仲裁。

第二条 机构及职责

（一）仲裁委员会主任履行本规则赋予的职责。副主任根据主任的授权可以履行主任的职责。

（二）仲裁委员会设有仲裁院，在授权的副主任和仲裁院院长的领导下履行本规则规定的职责。

（三）仲裁委员会设在北京，设有上海总部，在具备条件的城市和行业设有分会/仲裁中心。仲裁委员会上海总部/分会/仲裁中心（本规则附件一）是仲裁委员会的派出机构，根据仲裁委员会的授权，接受仲裁申请，管理仲裁案件。

（四）上海总部/分会/仲裁中心履行本规则规定由仲裁委员会仲裁院履行的职责。

（五）双方当事人约定将争议提交中国海事仲裁委员会仲裁的，根据申请人的选择，由仲裁委员会仲裁院，或仲裁委员会上海总部/分会/仲裁中心接受仲裁申请，管理案件。双方当事人都提出仲裁申请的，以首先提出申请的为准。双方当事人约定将争议提交仲裁委员会在北京、上海或分会/仲裁中心所在地，或约定将争议提交仲裁委员会上海总部/分会/仲裁中心仲裁的，分别由仲裁委员会仲裁院，或仲裁委员会上海总部/分会/仲裁中心接受仲裁申请，管理案件。约定的派出机构不存在或约定不明的，由仲裁委员会仲裁院接受仲裁申请，管理案件。如有争议，由仲裁委员会作出决定。

第三条 受案范围

（一）仲裁委员会根据当事人的约定受理下列争议案件：

1. 海事、海商争议案件；
2. 航空、铁路、公路等交通运输争议案件；
3. 贸易、投资、金融、保险、建设工程争议案件；
4. 当事人协议由仲裁委员会仲裁的其他争议案件。

（二）前述案件包括：

1. 国际或涉外案件；

2. 涉及香港特别行政区、澳门特别行政区及台湾地区的案件；

3. 国内案件。

第四条　规则的适用

（一）本规则统一适用于仲裁委员会及其上海总部/分会/仲裁中心。

（二）当事人约定将争议提交仲裁委员会仲裁的，视为同意按照本规则进行仲裁。

（三）当事人约定将争议提交仲裁委员会仲裁但对本规则有关内容进行变更或约定适用其他仲裁规则的，从其约定，但其约定无法实施或与仲裁地法强制性规定相抵触者除外。当事人约定适用其他仲裁规则的，由仲裁委员会履行相应的管理职责。

（四）当事人约定按照本规则进行仲裁但未约定仲裁机构的，视为同意将争议提交仲裁委员会仲裁。

（五）当事人约定适用仲裁委员会专业仲裁规则的，从其约定，但其争议不属于该专业仲裁规则适用范围的，适用本规则。

第五条　仲裁协议

（一）仲裁协议指当事人在合同中订明的仲裁条款或以其他方式达成的提交仲裁的书面协议。

（二）仲裁协议应当采取书面形式。书面形式包括合同书、信件、电报、电传、传真、电子数据交换和电子邮件等可以有形地表现所载内容的形式。在仲裁申请书和仲裁答辩书的交换中，一方当事人声称有仲裁协议而另一方当事人不做否认表示的，视为存在书面仲裁协议。

（三）仲裁协议适用法对仲裁协议的形式及效力另有规定的，从其规定。

（四）合同中的仲裁条款应视为与合同其他条款分离的、独立存在的条款，附属于合同的仲裁协议也应视为与合同其他条款分离的、独立存在的一个部分；合同的变更、解除、终止、转让、失效、无效、未生效、被撤销以及成立与否，均不影响仲裁条款或仲裁协议的效力。

第六条 对仲裁协议及/或管辖权的异议

（一）仲裁委员会有权对仲裁协议的存在、效力以及仲裁案件的管辖权作出决定。如有必要，仲裁委员会也可以授权仲裁庭作出管辖权决定。

（二）仲裁委员会依表面证据认为存在有效仲裁协议的，可根据表面证据作出仲裁委员会有管辖权的决定，仲裁程序继续进行。仲裁委员会依表面证据作出的管辖权决定并不妨碍其根据仲裁庭在审理过程中发现的与表面证据不一致的事实及/或证据重新作出管辖权决定。

（三）仲裁庭依据仲裁委员会的授权作出管辖权决定时，可以在仲裁程序进行中单独作出，也可以在裁决书中一并作出。

（四）当事人对仲裁协议及/或仲裁案件管辖权的异议，应当在仲裁庭首次开庭前书面提出；书面审理的案件，应当在本规则规定的第一次实体答辩前书面提出。

（五）对仲裁协议及/或仲裁案件管辖权提出异议不影响仲裁程序的继续进行。

（六）上述管辖权异议及/或决定包括仲裁案件主体资格异议及/或决定。

（七）仲裁委员会或经仲裁委员会授权的仲裁庭作出无管辖权决定的，应当作出撤销案件的决定。撤案决定在仲裁庭组成前由仲裁委员会仲裁院作出，在仲裁庭组成后，由仲裁庭作出。

第七条 仲裁地

（一）当事人对仲裁地有约定的，从其约定。

（二）当事人对仲裁地未作约定或约定不明的，以管理案件的仲裁委员会或其上海总部/分会/仲裁中心所在地为仲裁地；仲裁委员会仲裁院或仲裁庭也可视案件的具体情形确定其他地点为仲裁地。

（三）仲裁裁决视为在仲裁地作出。

第八条 送达及期限

（一）当事人对送达方式有约定的，从其约定。

（二）除非当事人另有约定，有关仲裁的一切文书、通知、材料等均可采用当面递交、挂号信、特快专递、传真、电子邮件、即时通讯工具等信息系统可记载的方式、向当事船舶船长发送的方式，或者仲裁委员会仲裁院或仲裁庭认为适当的其他方式发送。

（三）上述第（二）款所述仲裁文件应发送当事人或其仲裁代理人自行提供的或当事人约定的地址；当事人或其仲裁代理人没有提供地址或当事人对地址没有约定的，按照对方当事人或其仲裁代理人提供的地址发送。

（四）向一方当事人或其仲裁代理人发送的仲裁文件，如经当面递交收件人或发送至收件人的营业地、注册地、住所地、惯常居住地或通讯地址，或经对方当事人合理查询不能找到上述任一地点，仲裁委员会仲裁院以挂号信或特快专递或能提供投递记录的包括公证送达、委托送达和留置送达在内的其他任何手段投递给收件人最后一个为人所知的营业地、注册地、住所地、惯常居住地或通讯地址，即视为有效送达。

（五）送达时间以上述送达方式中最先送达到受送达人的时间为准。

（六）本规则所规定的期限，应自当事人收到或应当收到仲裁委员会仲裁院向其发送的文书、通知、材料之日的次日起计算。

第九条 诚实信用

仲裁参与人应当遵循诚实信用原则，善意仲裁。

第十条 放弃异议

一方当事人知道或理应知道本规则或仲裁协议中规定的任何条款或情事未被遵守，仍参加仲裁程序或继续进行仲裁程序而且不对此不遵守情况及时地、明示地提出书面异议的，视为放弃提出异议的权利。

第二章 仲裁程序

第一节 仲裁申请、答辩、反请求

第十一条 仲裁程序的开始

仲裁程序自仲裁委员会仲裁院收到仲裁申请书之日起开始。

第十二条 申请仲裁

当事人依据本规则申请仲裁时应：

（一）提交由申请人或申请人授权的代理人签名及/或盖章的仲裁申请书。仲裁申请书应写明：

1. 申请人和被申请人的名称和住所，包括邮政编码、电话、传真、电子邮箱或其他电子通讯方式；

2. 申请仲裁所依据的仲裁协议；

3. 案情和争议要点；

4. 申请人的仲裁请求；

5. 仲裁请求所依据的事实和理由。

（二）在提交仲裁申请书时，附具申请人请求所依据的证据材料、主体资格证明以及其他证明文件。

（三）按照仲裁委员会仲裁费用表的规定预缴仲裁费。

第十三条 案件的受理

（一）仲裁委员会根据当事人在争议发生之前或在争议发生之后达成的将争议提交仲裁委员会仲裁的仲裁协议和一方当事人的书面申请，受理案件。

（二）仲裁委员会仲裁院收到申请人的仲裁申请书及其附件后，经审查，认为申请仲裁的手续完备的，应将仲裁通知、仲裁委员会仲裁规则和仲裁员名册发送给申请人，将申请人的仲裁申请书副本及其附件、仲裁通知、仲裁委员会仲裁规则和仲裁员名册发送给被申请人。

（三）仲裁委员会仲裁院经审查认为申请仲裁的手续不完备的，可以要求申请人在一定的期限内予以完备。

（四）仲裁委员会受理案件后，仲裁委员会仲裁院应指定一名案件经办人，为仲裁案件提供管理服务。

第十四条　多份合同的仲裁

申请人就多份合同项下的争议可在同一仲裁案件中合并提出仲裁申请，但应同时符合下列条件：

1. 多份合同系主从合同关系；或多份合同所涉当事人相同且法律关系性质相同；

2. 争议源于同一交易或同一系列交易；

3. 多份合同中的仲裁协议内容相同或兼容。

第十五条　答辩

（一）被申请人应自收到仲裁通知后 30 日内提交答辩书。被申请人确有正当理由请求延长答辩期限的，由仲裁庭决定；仲裁庭尚未组成的，由仲裁委员会仲裁院决定。

（二）答辩书由被申请人或被申请人授权的代理人签名及/或盖章，应包括下列内容：

1. 被申请人的名称和住所，包括邮政编码、电话、传真、电子邮箱或其他电子通讯方式；

2. 对仲裁申请书的答辩及所依据的事实和理由；

3. 答辩所依据的证据材料、主体资格证明以及其他证明文件。

（三）仲裁庭有权决定是否接受逾期提交的答辩书。

（四）被申请人未提交答辩书，不影响仲裁程序的进行。

第十六条　反请求

（一）被申请人如有反请求，应自收到仲裁通知后 30 日内以书面形式提交。被申请人确有正当理由请求延长反请求期限的，由仲裁庭决定；仲裁庭尚未组成的，由仲裁委员会仲裁院决定。

（二）被申请人提出反请求，应在反请求申请书中写明具体的反请求事项及所依据的事实和理由，并附具有关的证据材料以及其他证明文件。

（三）被申请人提出反请求，应按照仲裁委员会仲裁费用表在规定的时间内预缴仲裁费。被申请人未按期缴纳反请求仲裁费的，视同未提出反请求。

（四）仲裁委员会仲裁院认为被申请人提出反请求的手续已完备的，应向双方当事人发出反请求受理通知。申请人应在收到反请求受理通知后30日内针对被申请人的反请求提交答辩。申请人确有正当理由请求延长答辩期限的，由仲裁庭决定；仲裁庭尚未组成的，由仲裁委员会仲裁院决定。

（五）仲裁庭有权决定是否接受逾期提交的反请求和反请求答辩书。

（六）申请人对被申请人的反请求未提出书面答辩的，不影响仲裁程序的进行。

第十七条　变更仲裁请求或反请求

申请人可以申请对仲裁请求进行变更，被申请人也可以申请对反请求进行变更；仲裁庭认为申请人或被申请人提出变更的时间过迟而影响仲裁程序正常进行的，可以拒绝其变更请求。

第十八条　追加当事人

（一）在仲裁程序中，一方当事人依据表面上约束被追加当事人的案涉仲裁协议可以向仲裁委员会申请追加当事人。在仲裁庭组成后申请追加当事人的，如果仲裁庭认为确有必要，应在征求包括被追加当事人在内的各方当事人的意见后，由仲裁委员会决定。

仲裁委员会仲裁院收到追加当事人申请之日视为针对该被追加当事人的仲裁开始之日。

（二）追加当事人申请书应包含现有仲裁案件的案号，涉及被追加当事人在内的所有当事人的名称、住所及通讯方式，追加当事人所依据的仲裁协议、事实和理由，以及仲裁请求。

当事人在提交追加当事人申请书时，应附具申请所依据的证据材料以及其他证明文件。

（三）任何一方当事人就追加当事人程序提出仲裁协议及/或仲裁案件管辖权异议的，仲裁委员会有权基于仲裁协议及相关证据作出是否具有管辖权的决定。

（四）追加当事人程序开始后，在仲裁庭组成之前，由仲裁委员会仲裁院就仲裁程序的进行作出决定；在仲裁庭组成之后，由仲裁庭就仲裁程序的进行作出决定。

（五）在仲裁庭组成之前追加当事人的，本规则有关当事人选定或委托仲裁委员会主任指定仲裁员的规定适用于被追加当事人。仲裁庭的组成应按照本规则第三十三条的规定进行。

在仲裁庭组成后决定追加当事人的，仲裁庭应就已经进行的包括仲裁庭组成在内的仲裁程序征求被追加当事人的意见。被追加当事人要求选定或委托仲裁委员会主任指定仲裁员的，双方当事人应重新选定或委托仲裁委员会主任指定仲裁员。仲裁庭的组成应按照本规则第三十三条的规定进行。

（六）本规则有关当事人提交答辩及反请求的规定适用于被追加当事人。被追加当事人提交答辩及反请求的期限自收到追加当事人仲裁通知后起算。

（七）案涉仲裁协议表面上不能约束被追加当事人或存在其他任何不宜追加当事人的情形的，仲裁委员会有权决定不予追加。

第十九条　合并仲裁

（一）符合下列条件之一的，经一方当事人请求，仲裁委员会可以决定将根据本规则进行的两个或两个以上的仲裁案件合并为一个仲裁案件进行审理，但是仲裁协议明确约定拒绝合并仲裁的除外：

1. 各案仲裁请求依据同一个仲裁协议提出的；

2. 各案仲裁请求依据多个仲裁协议提出，该多个仲裁协议内容相同或兼容，且各案当事人相同、各争议所涉及的法律关系性质相同的；

3. 各案仲裁请求依据多个仲裁协议提出，该多个仲裁协议内容相同或兼容，且涉及的多份合同为主从合同关系的；

4. 各争议涉及同一交易或同一系列相关交易的；

5. 不具备上述任一条件，但所有案件当事人均同意合并仲裁的。

（二）根据上述第（一）款决定合并仲裁时，仲裁委员会应考虑各方当事人的意见、各案仲裁庭的意见及相关仲裁案件之间的关联性等因素，包括不同案件的仲裁员的选定或指定情况。

（三）除非各方当事人另有约定，合并的仲裁案件应合并至最先开始仲裁程序的仲裁案件。

（四）案件合并前各案均未组成仲裁庭的，应依照本规则第二章第三节的规定组成仲裁庭；案件合并前各案均已组成相同仲裁庭的，合并后不再另行组成仲裁庭；案件合并前部分案件已经组成仲裁庭，部分案件尚未组成仲裁庭或组成的仲裁庭不相同的，由各方当事人就合并后仲裁庭的组成进行协商。如各方当事人未能在收到合并仲裁的通知后 15 日内达成一致意见，则应依照本规则第二章第三节的规定重新组成仲裁庭。

（五）仲裁案件合并后，在仲裁庭组成之前，由仲裁委员会仲裁院就程序的进行作出决定；仲裁庭组成后，由仲裁庭就程序的进行作出决定。

（六）仲裁委员会可以就合并仲裁后的仲裁费用进行调整。

第二十条　仲裁文件的提交与交换

（一）当事人的仲裁文件应提交至仲裁委员会仲裁院。

（二）仲裁程序中需发送或转交的仲裁文件，由仲裁委员会仲裁院发送或转交仲裁庭及当事人，当事人另有约定并经仲裁庭同意或仲裁庭另有决定者除外。

第二十一条　仲裁文件的份数

当事人提交的仲裁申请书、答辩书、反请求书和证据材料以及其他仲裁文件，应一式五份；多方当事人的案件，应增加相应份数；当事人申请财产保全或证据保全的，应增加相应份数；仲裁庭组成人数为一人的，应相应减少两份。

第二十二条　仲裁代理人

（一）当事人可以授权中国及/或外国的仲裁代理人办理有关仲裁事项。当事人或其仲裁代理人应向仲裁委员会仲裁院提交授权委托书。

（二）当事人应将其代理人的变化情况毫不迟延地通知仲裁委员会仲裁院。经征求当事人意见，仲裁庭可以采取必要措施避免因当事人代理人变化而产生的利益冲突，包括全部或部分排除当事人新委任的代理人参与仲裁程序。

第二节　保全及临时措施

第二十三条　财产保全

当事人申请海事请求保全或其他财产保全的，仲裁委员会应当将当事人的申请提交被申请人住所地或其财产所在地的海事法院或其他有管辖权的法院作出裁定；当事人在仲裁程序开始前申请海事请求保全或其他财产保全的，应当依照《中华人民共和国海事诉讼特别程序法》或《中华人民共和国民事诉讼法》的规定，直接向被保全的财产所在地海事法院或其他有管辖权的法院提出。

第二十四条　证据保全

当事人申请证据保全的，仲裁委员会应当将当事人的申请提交证据所在地的海事法院或其他有管辖权的法院作出裁定；当事人在仲裁程序开始前申请证据保全的，应当依照《中华人民共和国海事诉讼特别程序法》或《中华人民共和国民事诉讼法》的规定，直接向被保全的证据所在地海事法院或其他有管辖权的法院提出。

第二十五条　海事强制令

当事人申请海事强制令的，仲裁委员会应当将当事人的申请提交海事纠纷发生地的海事法院作出裁定；当事人在仲裁程序开始前申请海事强制令的，应当依照《中华人民共和国海事诉讼特别程序法》的规定，直接向海事纠纷发生地的海事法院提出。

第二十六条　海事赔偿责任限制基金

当事人申请设立海事赔偿责任限制基金的，仲裁委员会应当将当事人的申请提交事故发生地、合同履行地或者船舶扣押地海事法院作出裁定；当事人在仲裁程序开始前申请设立海事赔偿责任限制基金的，应当依照《中华人民共和国海事诉讼特别程序法》的规定，直接向事故发生地、合同履行地或者船舶扣押地的海事法院提出。

第二十七条　临时措施

（一）根据所适用的法律或当事人的约定，当事人可以依据《中国海事仲裁委员会紧急仲裁员程序》（本规则附件三）向仲裁委员会仲裁院申请紧急性临时救济。紧急仲裁员可以决定采取必要或适当的紧急性临时救济措施。紧急仲裁员的决定对双方当事人具有约束力。

（二）经一方当事人请求，仲裁庭可以决定采取其认为必要或适当的临时措施，并有权决定由请求临时措施的一方当事人提供适当的担保。

第三节　仲裁员及仲裁庭

第二十八条　仲裁员的义务

仲裁员必须独立公正，不代表任何一方当事人，独立平等地对待各方当事人。

第二十九条　仲裁庭的组成与人数

（一）当事人就仲裁庭的组成有约定的，从其约定，但其约定违背仲裁地法律规定、无法实施或可能导致裁决无效的除外。

（二）仲裁庭由一名仲裁员成立或由三名仲裁员组成。仲裁庭由一名仲裁员成立的，该名仲裁员为独任仲裁员，仲裁庭由三名仲裁员组成的，设首席仲裁员。

（三）除非当事人另有约定或本规则另有规定，仲裁庭由三名仲裁员组成。

第三十条　仲裁员的选定或指定

（一）仲裁委员会制定统一适用于仲裁委员会及上海总部/分会/仲裁中心的仲裁员名册；当事人可以从仲裁委员会仲裁员名册中选定仲裁员，也可以在仲裁委员会仲裁员名册外选定仲裁员；除非仲裁委员会另有决定，首席仲裁员和独任仲裁员应从仲裁委员会仲裁员名册中产生。

（二）当事人在仲裁委员会仲裁员名册外选定仲裁员，

应当符合仲裁地法律的规定。

第三十一条　三人仲裁庭的组成

（一）申请人和被申请人应各自在收到仲裁通知后15日内选定或委托仲裁委员会主任指定一名仲裁员。当事人未在上述期限内选定或委托仲裁委员会主任指定的，由仲裁委员会主任指定。

（二）第三名仲裁员由双方当事人在最后一方当事人收到仲裁通知后15日内共同选定或共同委托仲裁委员会主任指定。第三名仲裁员为仲裁庭的首席仲裁员。

（三）双方当事人可以各自推荐一至五名候选人作为首席仲裁员人选，并按照上述第（二）款规定的期限提交推荐名单。双方当事人的推荐名单中有一名人选相同的，该人选为双方当事人共同选定的首席仲裁员；有一名以上人选相同的，仲裁委员会主任根据案件的具体情况在相同人选中确定一名首席仲裁员，该名首席仲裁员仍为双方共同选定的首席仲裁员。

（四）双方当事人未能共同选定或共同委托仲裁委员会主任指定首席仲裁员、未推荐或者推荐的首席仲裁员名单中没有相同人选的，由当事人选定或仲裁委员会主任指定的两名仲裁员共同选定首席仲裁员。

（五）该两名仲裁员未能在 15 日内就首席仲裁员人选达成一致的，由仲裁委员会主任指定首席仲裁员。

第三十二条　独任仲裁庭的组成

（一）仲裁庭由一名仲裁员组成的，申请人和被申请人应在最后一方当事人收到仲裁通知后 15 日内共同选定或共同委托仲裁委员会主任指定一名独任仲裁员。

（二）申请人和被申请人可以各自推荐一至五名候选人作为独任仲裁员人选，并按照上述第（一）款规定的期限提交推荐名单。双方当事人的推荐名单中有一名人选相同的，该人选为双方当事人共同选定的独任仲裁员；有一名以上人选相同的，由仲裁委员会主任根据案件的具体情况在相同人选中确定一名独任仲裁员，该名独任仲裁员仍为双方当事人共同选定的独任仲裁员。

（三）双方当事人未能共同选定或共同委托仲裁委员会主任指定独任仲裁员、未推荐或者推荐的独任仲裁员名单中没有相同人选的，由仲裁委员会主任指定独任仲裁员。

第三十三条　多方当事人仲裁庭的组成

（一）仲裁案件有两个或两个以上申请人及/或被申请人的，申请人方及/或被申请人方应各自协商，分别共同选定或共同委托仲裁委员会主任指定一名仲裁员。

（二）如果申请人方及/或被申请人方未能在收到仲裁通知之日起 15 日内各自共同选定或者各自共同委托仲裁委员会主任指定一名仲裁员，该仲裁员由仲裁委员会主任指定。

（三）首席仲裁员按照本规则第三十一条第（二）（三）（四）（五）款规定的程序选定或指定。独任仲裁员按照本规则第三十二条第（一）（二）（三）款规定的程序选定或指定。

第三十四条　组成仲裁庭应考虑的因素

仲裁委员会根据本规则的规定组成仲裁庭时，应考虑争议的适用法律、仲裁地、仲裁语言、当事人国籍，当事人有关仲裁庭组成的特殊约定，以及仲裁委员会认为应予考虑的其他因素。

第三十五条 披露

（一）被选定或被指定的仲裁员应签署声明书，披露可能引起对其公正性和独立性产生合理怀疑的任何事实或情况。

（二）在仲裁程序中出现应披露情形的，仲裁员应立即书面披露。

（三）仲裁员的声明书及/或披露的信息应提交仲裁委员会仲裁院，转交各方当事人。

第三十六条 仲裁员的回避

（一）当事人收到仲裁员的声明书及/或书面披露后，如果以披露的事实或情况为理由要求该仲裁员回避，则应于收到仲裁员的书面披露后10日内书面提出。逾期没有申请回避的，不得以仲裁员曾经披露的事项为由申请该仲裁员回避。

（二）当事人对被选定或被指定的仲裁员的公正性和独立性产生具有正当理由的怀疑时，可以书面请求该仲裁员回避，但应说明回避请求所依据的具体事实和理由，并举证。

（三）对仲裁员的回避请求应在收到组庭通知后15日内以书面形式提出；在此之后得知回避事由的，可以在得知回避事由后15日内提出，但应不晚于最后一次开庭终结。

（四）当事人的回避请求应当立即转交另一方当事人、被请求回避的仲裁员及仲裁庭其他成员。

（五）如果一方当事人请求仲裁员回避，另一方当事人同意回避请求，或被请求回避的仲裁员主动提出不再担任该仲裁案件的仲裁员，则该仲裁员不再担任仲裁员审理本案。上述情形并不表示当事人提出回避的理由成立。

（六）除上述第（五）款规定的情形外，仲裁员是否回避，由仲裁委员会主任作出终局决定，并说明理由。

（七）在仲裁委员会主任就仲裁员是否回避作出决定前，被请求回避的仲裁员应继续履行职责。

第三十七条　仲裁员的更换

（一）仲裁员在法律上或事实上不能履行职责，或没有按照本规则的要求或在本规则规定的期限内履行应尽职责的，仲裁委员会主任有权决定将其更换；该仲裁员也可以主动申请不再担任仲裁员。

（二）是否更换仲裁员，由仲裁委员会主任作出终局决定，并说明理由。

（三）仲裁员因回避或更换不能履行职责的，应按照原选定或指定仲裁员的方式在仲裁委员会仲裁院规定的期限内选定或指定替代的仲裁员。当事人未选定或指定替代仲裁员的，由仲裁委员会主任指定替代的仲裁员。

（四）重新选定或指定仲裁员后，由仲裁庭决定是否重新审理及重新审理的范围。

第三十八条　多数仲裁员继续仲裁程序

最后一次开庭终结后，如果三人仲裁庭中的一名仲裁员因死亡或被除名等情形不能参加合议及/或作出裁决，另外两名仲裁员可以请求仲裁委员会主任按照第三十七条的规定更换该仲裁员；在征求双方当事人意见并经仲裁委员会同意后，该两名仲裁员也可以继续进行仲裁程序，作出决定或裁决。仲裁委员会仲裁院应将上述情况通知双方当事人。

第四节　审　　理

第三十九条　审理方式

（一）仲裁庭组成后，仲裁委员会仲裁院应立即将案件移交仲裁庭。仲裁庭应当视案件具体情况尽快召开案件管理会议，与当事人协商可以根据本条第（六）款采取的程序措施。

（二）除非当事人另有约定，仲裁庭可以按照其认为适当的方式审理案件。在任何情形下，仲裁庭均应公平公正、高效地推进程序，进行审理，给予双方当事人陈述与辩论的合理机会，确保程序正当。

（三）仲裁庭应开庭审理案件，但双方当事人约定并经仲裁庭同意或仲裁庭认为不必开庭审理并征得双方当事人同意的，可以只依据书面文件进行审理。

（四）除非当事人另有约定，经征求当事人意见，仲裁庭可以决定开庭审理以远程视频会议或仲裁庭认为适当的其他通讯方式进行。

如仲裁程序中出现不宜以远程视频会议等方式开庭的情形，仲裁庭有权决定将开庭转为线下进行。

（五）仲裁庭可以在其认为适当的地点以其认为适当的方式进行合议。

（六）除非当事人另有约定，仲裁庭认为必要时可以经征求当事人意见决定就案件审理采取适当的程序措施，包括但不限于制作审理范围书，发布程序令，发出问题单，举行庭前会议，以及与当事人讨论网络安全、隐私和数据保护，为仲裁程序安全合规提供适当保障等。

经仲裁庭其他成员授权，首席仲裁员可以单独就仲裁案件的程序安排作出决定。

（七）仲裁庭可应一方当事人请求或经征求当事人意见自行决定，要求当事人就案外人（第三方资助人或保险人）对仲裁程序的资助进行披露，或者要求当事人就案外人（第三方资助人、保险人、母公司或最终利益拥有者）对仲裁结果所具有的经济利益予以披露。

第四十条　仲裁庭秘书

（一）经征求仲裁委员会仲裁院意见，仲裁庭可以指定仲裁庭秘书予以协助。仲裁委员会仲裁院工作人员可以担任仲裁庭秘书，但不得担任同一仲裁案件的经办人。

（二）仲裁庭秘书工作职责由仲裁庭确定，但不得参与案件表决，不得参与案件裁决书实质内容的撰写。

（三）仲裁庭秘书必须独立公正，并在接受指定前签署声明书，披露可能引起对其公正性和独立性产生合理怀疑的任何事实或情况。

（四）当事人可根据本规则第三十六条的规定要求仲裁庭秘书回避。如果仲裁委员会决定仲裁庭秘书回避，仲裁庭可根据本条规定重新指定仲裁庭秘书。除非仲裁庭另有决定，请求仲裁庭秘书回避不影响仲裁程序的继续进行。

第四十一条　开庭地

（一）当事人约定了开庭地点的，案件开庭应当在约定的地点进行，但本规则第八十三条第（三）款规定的情形除外。

（二）除非当事人另有约定，由仲裁委员会仲裁院或其上海总部/分会/仲裁中心管理的案件应分别在北京、上海或分会/仲裁中心所在地开庭审理；如仲裁庭认为必要，经仲裁委员会仲裁院同意，也可以在其他地点开庭审理。

第四十二条　开庭通知

（一）开庭审理的案件，仲裁庭确定第一次开庭日期后，应不晚于开庭前20日将开庭日期通知双方当事人。当事人有正当理由的，可以请求延期开庭，但应于收到开庭通知后5日内书面提出。是否延期，由仲裁庭决定。

（二）当事人有正当理由未能按上述第（一）款规定提出延期开庭的，是否接受其延期申请，由仲裁庭决定。

（三）再次开庭审理的日期及延期后开庭审理日期的通知及其延期申请，不受上述第（一）款期限的限制。

（四）仲裁庭在确定开庭审理日期时，应慎重考虑庭前文件交换是否充分以及开庭审理的条件是否具备。

第四十三条　保密

（一）仲裁庭审理案件不公开进行。双方当事人要求公开审理的，由仲裁庭决定是否公开审理。

（二）不公开审理的案件，双方当事人及其仲裁代理人、仲裁员、案件经办人、仲裁庭秘书、证人、翻译、仲裁庭咨询的专家和指定的鉴定人，以及其他有关人员，均不得对外界透露案件实体和程序的有关情况。

第四十四条　当事人缺席

（一）申请人无正当理由开庭时不到庭的，或在开庭审理时未经仲裁庭许可中途退庭的，可以视为撤回仲裁申请；被申请人提出反请求的，不影响仲裁庭就反请求进行审理，作出裁决。

（二）被申请人无正当理由开庭时不到庭的，或在开庭审理时未经仲裁庭许可中途退庭的，仲裁庭可以进行缺席审理并作出裁决；被申请人提出反请求的，可以视为撤回反请求。

第四十五条　庭审笔录

（一）开庭审理时，仲裁庭可以制作庭审笔录及/或影音记录。仲裁庭认为必要时，可以制作庭审要点，并要求当事人及/或其代理人、证人及/或其他有关人员在庭审笔录或庭审要点上签字或盖章。

以远程视频会议等方式开庭审理的，庭审笔录可由上述仲裁参与人电子签名。

（二）仲裁庭可以委托仲裁委员会仲裁院聘请速录人员速录庭审笔录。

第四十六条　举证

（一）当事人应对其申请、答辩和反请求所依据的事实提供证据加以证明，为其主张、辩论及抗辩要点提供依据。

（二）下列事实无需当事人举证，除非有足以推翻该事实的相反证据，仲裁庭可依职权予以认定：

（1）双方当事人没有争议的事实；

（2）自然规律及定理；

（3）众所周知的事实或常识；

（4）根据法律规定、已知事实或日常生活经验法则，能推定出的另一事实。

（三）一方当事人应向仲裁庭和对方当事人（包括多方仲裁中作为申请人或被申请人一方的所有当事人）披露和提交其作为依据的所有证据。

（四）仲裁庭可以规定当事人提交证据的期限。当事人应在规定的期限内提交证据。逾期提交的，仲裁庭可以不予接受。当事人在举证期限内提交证据材料确有困难的，可以在期限届满前申请延长举证期限。是否延期，由仲裁庭决定。

（五）当事人未能在规定的期限内提交证据，或虽提交证据但不足以证明其主张的，负有举证责任的当事人承担因此产生的后果。通常情况下，举证和证据交换应在仲裁庭就实体争议进行开庭审理之前完成。

第四十七条　事实证人和专家证人意见

（一）当事人安排证人作证的，应事先向仲裁庭确定证人身份及其证明事项。证人应在开庭审理前提交书面证言。

（二）当事人可就特定问题提交专家证人意见以支持己方主张。

第四十八条　仲裁庭调查取证

（一）仲裁庭认为必要时，可以调查事实，收集证据。

（二）仲裁庭调查事实、收集证据时，应当通知当事人到场。经通知，一方或双方当事人不到场的，不影响仲裁庭调查事实和收集证据。

（三）仲裁庭调查收集的证据，应当转交当事人，给予当事人提出意见的机会。

第四十九条　查验及鉴定报告

（一）仲裁庭可应当事人请求或自行决定，指定查验人对现场、货物、文件或其他有关证据进行查验，或者指定鉴定人对某个专业或技术问题进行鉴定。当事人应事先得到查验或鉴定通知，并有权到场。

（二）仲裁庭有权要求当事人、当事人也有义务向查验人或鉴定人提供或出示任何有关资料、文件或财产、实物，以供查验人或鉴定人查验、鉴定。

（三）查验报告和鉴定报告的副本应转交当事人，给予当事人提出意见的机会。

第五十条 质证

（一）仲裁庭应确保一方当事人有机会就对方当事人提交的所有证据发表质证意见。质证可以采用口头或书面形式。

（二）开庭审理的案件，证据应在开庭时出示，当事人可以质证。

（三）对于书面审理的案件的证据材料，或对于开庭后提交的证据材料且当事人同意书面质证的，可以进行书面质证。书面质证时，当事人应在仲裁庭规定的期限内提交书面质证意见。

（四）当事人共同确认或没有异议的证据，视为已经质证。

第五十一条 质询

（一）通常情况下，证人应出席案件的开庭审理或者通过远程视频会议参加开庭审理，接受安排其出庭的一方当事人的询问和对方当事人的盘问。

（二）仲裁庭指定的查验人或鉴定人应当出席案件的开庭审理或者通过远程视频会议参加开庭审理，仲裁庭应确保双方当事人有机会对其进行质询。

第五十二条 证据的审核认定

（一）证据是否可予采纳，以及证据的关联性、重要性及证明力，由仲裁庭决定。

（二）当事人提供伪证的，应承担相应的后果，仲裁庭有权据此驳回该方当事人的请求或反请求。

第五十三条　合并开庭

为公平、经济和快捷地进行仲裁程序，如果两个或多个仲裁案件涉及相同的事实或法律问题，在征求各方当事人意见后，仲裁庭经征求仲裁委员会仲裁院意见可以决定对两个或多个仲裁案件合并开庭，并可决定：

（一）一个案件当事人提交的文件可以提交给另一个案件当事人；

（二）一个案件当事人提交的证据可以在另一个案件中被接受和采纳，但是应当给予所有当事人就该等证据发表意见的机会。

第五十四条　程序中止

（一）双方当事人共同或分别请求中止仲裁程序，或出现需要中止仲裁程序的法定情形以及其他需要中止仲裁程序的情形的，仲裁程序可以中止。

（二）中止程序的原因消失或中止程序期满后，仲裁程序恢复进行。

（三）仲裁程序的中止及恢复，由仲裁庭决定；仲裁庭尚未组成的，由仲裁委员会仲裁院决定。

第五十五条　撤回申请和撤销案件

（一）当事人可以撤回全部仲裁请求或全部仲裁反请求。申请人撤回全部仲裁请求的，不影响仲裁庭就被申请人的仲裁反请求进行审理和裁决。被申请人撤回全部仲裁反请求的，不影响仲裁庭就申请人的仲裁请求进行审理和裁决。

（二）因当事人自身原因致使仲裁程序不能进行的，可以视为其撤回仲裁请求。

（三）仲裁请求和反请求全部撤回的，案件可以撤销。在仲裁庭组成前撤销案件的，由仲裁委员会仲裁院作出撤案决定；仲裁庭组成后撤销案件的，由仲裁庭作出撤案决定。

（四）上述第（三）款及本规则第六条第（七）款所述撤案决

定应加盖“中国海事仲裁委员会”印章。

第五十六条　仲裁与调解相结合

（一）双方当事人有调解意愿的，或一方当事人有调解意愿并经仲裁庭征得另一方当事人同意的，仲裁庭可以在仲裁程序中对案件进行调解。双方当事人也可以自行和解。

（二）仲裁庭在征得双方当事人同意后可以按照其认为适当的方式进行调解。

（三）调解过程中，任何一方当事人提出终止调解或仲裁庭认为已无调解成功的可能时，仲裁庭应终止调解。

（四）双方当事人经仲裁庭调解达成和解或自行和解的，应签订和解协议。

（五）当事人经调解达成或自行达成和解协议的，可以撤回仲裁请求或反请求，也可以请求仲裁庭根据当事人和解协议的内容作出裁决书或制作调解书。

（六）当事人请求制作调解书的，调解书应当写明仲裁请求和当事人书面和解协议的内容，由仲裁员署名，并加盖“中国海事仲裁委员会”印章，送达双方当事人。

（七）调解不成功的，仲裁庭应当继续进行仲裁程序，作出裁决。

（八）当事人有调解意愿但不愿在仲裁庭主持下进行调解的，经双方当事人同意，仲裁委员会可以协助当事人以适当的方式和程序进行调解。

（九）如果调解不成功，任何一方当事人均不得在其后的仲裁程序、司法程序和其他任何程序中援引对方当事人或仲裁庭在调解过程中曾发表的意见、提出的观点、作出的陈述、表示认同或否定的建议或主张作为其请求、答辩或反请求的依据。

（十）当事人在仲裁程序开始之前自行达成或经调解达成和解协议的，可以依据由仲裁委员会仲裁的仲裁协议及其和解协议，请求仲裁委员会组成仲裁庭，按照和解协议的内容作出仲裁裁决。除非当事人另有约定，仲裁委员会主任指定一名独任仲裁员成立仲裁庭，由仲裁庭按照其认为适当的程序进行审理并作出裁决。具体程序和期限，不受本规则其他条款关于程序和期限的限制。

第五节 裁 决

第五十七条 作出裁决的期限

（一）仲裁庭应在组庭后6个月内作出裁决书。

（二）经仲裁庭请求，仲裁委员会仲裁院认为确有正当理由和必要的，可以延长该期限。

（三）程序中止的期间不计入上述第（一）款规定的裁决期限。

第五十八条 裁决的作出

（一）仲裁庭应当根据事实和合同约定，依照法律规定，参考国际惯例，参照交易习惯，公平合理、独立公正地作出裁决。

（二）当事人对于案件实体适用法有约定的，从其约定。当事人没有约定或其约定与法律强制性规定相抵触的，由仲裁庭决定案件实体的法律适用。

（三）仲裁庭在裁决书中应写明仲裁请求、争议事实、裁决理由、裁决结果、仲裁费用的承担、裁决的日期和地点。当事人协议不写明争议事实和裁决理由的，以及按照双方当事人和解协议的内容作出裁决书的，可以不写明争议事实和裁决理由。仲裁庭有权在裁决书中确定当事人履行裁决的具体期限及逾期履行所应承担的责任。

（四）裁决书应加盖“中国海事仲裁委员会”印章。

（五）由三名仲裁员组成的仲裁庭审理的案件，裁决依全体仲裁员或多数仲裁员的意见作出。少数仲裁员的书面意见应附卷，并可以附在裁决书后，该书面意见不构成裁决书的组成部分。

（六）仲裁庭不能形成多数意见的，裁决依首席仲裁员的意见作出。其他仲裁员的书面意见应附卷，并可以附在裁决书后，该书面意见不构成裁决书的组成部分。

（七）除非裁决依首席仲裁员意见或独任仲裁员意见作出并由其署名，裁决书应由全体仲裁员或多数仲裁员署名。持有不同意见的仲裁员可以在裁决书上署名，也可以不署名。

（八）作出裁决书的日期，即为裁决发生法律效力的日期。

（九）裁决是终局的，对双方当事人均有约束力。任何一方当事人均不得向法院起诉，也不得向其他任何机构提出变更仲裁裁决的请求。

（十）经征得当事人同意，仲裁委员会仲裁院可在裁决作出后，对当事人名称及其他可识别信息进行脱密处理，公开发布裁决书。

第五十九条　部分裁决

（一）仲裁庭认为必要或当事人提出请求并经仲裁庭同意的，仲裁庭可以在作出最终裁决之前，就当事人的某些请求事项先行作出部分裁决。部分裁决是终局的，对双方当事人均有约束力。

（二）一方当事人不履行部分裁决，不影响仲裁程序的继续进行，也不影响仲裁庭作出最终裁决。

第六十条　裁决书草案的核阅

仲裁庭应在签署裁决书之前将裁决书草案提交仲裁委员会核阅。在不影响仲裁庭独立裁决的情况下，仲裁委员会可以就裁决书的有关问题提请仲裁庭注意。

第六十一条　专家咨询委员会的咨询意见

仲裁庭或仲裁委员会可以就仲裁案件的程序和实体等重大疑难问题提请仲裁委员会专家咨询委员会研究讨论，并提供咨询意见。专家咨询意见由仲裁庭决定是否接受。

第六十二条　费用承担

（一）仲裁庭有权在裁决书中裁定当事人最终应向仲裁委员会支付的仲裁费用和实际费用等。

（二）仲裁庭有权根据案件的具体情况在裁决书中裁定败诉方应补偿胜诉方因办理案件而支出的合理的费用。仲裁庭裁定败诉方补偿胜诉方因办理案件而支出的费用是否合理，应具体考虑案件的裁决结果、复杂程度、胜诉方当事人及/或代理人的实际工作量以及案件的争议金额等因素。

第六十三条　裁决书的更正

（一）仲裁庭可以在发出裁决书后的合理时间内自行以书面形式对裁决书中的书写、打印、计算上的错误或其他类似性质的错误作出更正。

（二）任何一方当事人均可以在收到裁决书后30日内就裁决书中的书写、打印、计算上的错误或其他类似性质的错误，书面申请仲裁庭作出更正；如确有错误，仲裁庭应在收到书面申请后30日内作出书面更正。

（三）上述书面更正构成裁决书的组成部分，应适用本规则第五十八条第（四）至（九）款的规定。

第六十四条　补充裁决

（一）如果裁决书中有遗漏的请求事项，仲裁庭可以在发出裁决书后的合理时间内自行作出补充裁决。

（二）任何一方当事人可以在收到裁决书后30日内以书面形式请求仲裁庭就裁决书中遗漏的请求事项作出补充裁决；如确有漏裁事项，仲裁庭应在收到上述书面申请后30日内作出补充裁决。

（三）该补充裁决构成裁决书的一部分，应适用本规则第五十八条第（四）至（九）款的规定。

第六十五条　裁决的履行

（一）当事人应依照裁决书写明的期限履行仲裁裁决；裁决书未写明履行期限的，应立即履行。

（二）一方当事人不履行裁决的，另一方当事人可以依法向有管辖权的法院申请执行。

第三章 快速程序

第六十六条 快速程序的适用

（一）除非当事人另有约定，凡争议金额不超过人民币500万元的，或争议金额超过人民币500万元但经一方当事人书面申请并征得另一方当事人书面同意的，或双方当事人约定适用快速程序的，适用快速程序。

（二）没有争议金额或者争议金额不明确的，由仲裁委员会根据案件的复杂程度、涉及利益的大小以及其他有关因素综合考虑决定是否适用快速程序。

第六十七条 仲裁通知

申请人提出仲裁申请，经审查可以受理并适用快速程序的，仲裁委员会仲裁院应向双方当事人发出仲裁通知。

第六十八条 仲裁庭的组成

除非当事人另有约定，适用快速程序的案件，依照本规则第三十二条的规定成立独任仲裁庭审理案件。

第六十九条 答辩和反请求

（一）被申请人应在收到仲裁通知后20日内提交答辩书及证据材料以及其他证明文件；如有反请求，也应在此期限内提交反请求书及证据材料以及其他证明文件。

（二）申请人应在收到反请求书及其附件后20日内针对被申请人的反请求提交答辩。

（三）当事人确有正当理由请求延长上述期限的，由仲裁庭决定；仲裁庭尚未组成的，由仲裁委员会仲裁院决定。

第七十条 审理方式

仲裁庭可以按照其认为适当的方式审理案件，可以在征求当事人意见后决定只依据当事人提交的书面材料和证据进行书面审理，也可以决定开庭审理。

第七十一条　开庭通知

（一）对于开庭审理的案件，仲裁庭确定第一次开庭日期后，应不晚于开庭前15日将开庭日期通知双方当事人。当事人有正当理由的，可以请求延期开庭，但应于收到开庭通知后3日内提出书面申请；是否延期，由仲裁庭决定。

（二）当事人有正当理由未能按上述第（一）款规定提出延期开庭的，是否接受其延期申请，由仲裁庭决定。

（三）再次开庭审理的日期及延期后开庭审理日期的通知及其延期申请，不受上述第（一）款期限的限制。

第七十二条　作出裁决的期限

（一）仲裁庭应在组庭后3个月内作出裁决书。

（二）经仲裁庭请求，仲裁委员会仲裁院认为确有正当理由和必要的，可以延长该期限。

（三）程序中止的期间不计入上述第（一）款规定的裁决期限。

第七十三条　程序变更

仲裁请求的变更或反请求的提出，不影响快速程序的继续进行。经变更的仲裁请求或反请求所涉争议金额分别超过人民币500万元的案件，除非当事人约定或仲裁庭认为有必要变更为普通程序，继续适用快速程序。

第七十四条　本规则其他条款的适用

本章未规定的事项，适用本规则其他各章的有关规定。

第四章　香港仲裁的特别规定

第七十五条　本章的适用

（一）仲裁委员会在香港特别行政区设立仲裁委员会香港仲裁中心。本章适用于仲裁委员会香港仲裁中心管理的仲裁案件。

（二）当事人约定将争议提交仲裁委员会香港仲裁中心仲裁或约定将争议提交仲裁委员会在香港仲裁的，由仲裁委员会香港仲裁中心接受仲裁申请，管理案件。

第七十六条　仲裁地及程序适用法

除非当事人另有约定，仲裁委员会香港仲裁中心管理的案件的仲裁地为香港，仲裁程序适用法为香港仲裁法，仲裁裁决为香港裁决。

第七十七条　管辖权决定

当事人对仲裁协议及/或仲裁案件管辖权的异议，应不晚于第一次实体答辩前提出。

仲裁庭有权对仲裁协议的存在、效力以及仲裁案件的管辖权作出决定。

第七十八条　裁决书的印章

裁决书应加盖“中国海事仲裁委员会香港仲裁中心”印章。

第七十九条　仲裁收费

依本章管理的案件适用《中国海事仲裁委员会仲裁费用表（三）》（本规则附件二）。

第八十条　本规则其他条款的适用

本章未规定的事项，适用本规则其他各章的有关规定。

第五章　附　　则

第八十一条　电子签名

除非仲裁地法律另有规定、当事人另有约定，或者仲裁委员会仲裁院或仲裁庭另有决定，撤案决定、调解书和裁决书等可以由仲裁员电子签名。

第八十二条　仲裁语言

（一）当事人对仲裁语言有约定的，从其约定。当事人对仲裁语言没有约定的，以中文为仲裁语言。仲裁委员会仲裁院或仲裁庭也可以视案件的具体情形确定其他语言为仲裁语言。

（二）仲裁庭开庭时，当事人或其代理人、证人需要语言翻译的，可由仲裁委员会仲裁院提供译员，也可由当事人自行提供译员。

（三）当事人提交的各种文书和证明材料，仲裁庭或仲裁委员会仲裁院认为必要时，可以要求当事人提供相应的中文译本或其他语言译本。

第八十三条　仲裁费用及实际费用

（一）仲裁委员会除按照仲裁费用表向当事人收取仲裁费外，还可以向当事人收取其他额外的、合理的实际费用，包括仲裁员办理案件的特殊报酬、差旅费、食宿费、聘请速录员速录费，以及仲裁庭聘请查验人、鉴定人、审计人、评估人和翻译等费用。仲裁员的特殊报酬由仲裁委员会仲裁院在征求相关仲裁员和当事人意见后，参照《中国海事仲裁委员会仲裁费用表（三）》（本规则附件二）有关仲裁员报酬和费用标准确定。

（二）当事人未在仲裁委员会规定的期限内为其选定的仲裁员预缴特殊报酬、差旅费、食宿费等实际费用的，视为没有选定仲裁员。

（三）当事人约定在仲裁委员会或其上海总部/分会/仲裁中心所在地之外开庭的，应预缴因此而发生的差旅费、食宿费等实际费用。当事人未在仲裁委员会规定的期限内预缴有关实际费用的，应在仲裁委员会或其上海总部/分会/仲裁中心所在地开庭。

（四）当事人约定以两种或两种以上语言为仲裁语言的，或根据本规则第六十六条的规定适用快速程序的案件但当事人约定由三人仲裁庭审理的，仲裁委员会可以向当事人收取额外的、合理的费用。

第八十四条　责任限制

除非仲裁地法律另有规定，仲裁委员会及其工作人员、仲裁员、仲裁庭秘书，以及仲裁庭指定的专家，不就与仲裁相关的行为向当事人承担责任。

第八十五条　基本原则及规则解释

（一）本规则未明确规定的事项，仲裁委员会仲裁院和仲裁庭应当根据本规则精神行事。

（二）本规则条文标题不用于解释条文含义。本规则由仲裁委员会负责解释。

第八十六条　规则的施行

本规则自 2021 年 10 月 1 日起施行。本规则施行前仲裁委员会及其上海总部/分会/仲裁中心管理的案件，仍适用受理案件时适用的仲裁规则；双方当事人同意的，也可以适用本规则。

五 申请撤销仲裁裁决

最高人民法院关于当事人对驳回其申请撤销仲裁裁决的裁定不服而申请再审，人民法院不予受理问题的批复

（2004 年 7 月 20 日最高人民法院审判委员会第 1320 次会议通过　2004 年 7 月 26 日最高人民法院公告公布　自 2004 年 7 月 29 日起施行　法释〔2004〕9 号）

陕西省高级人民法院：

你院陕高法〔2004〕225 号《关于当事人不服人民法院驳回其申请撤销仲裁裁决的裁定申请再审，人民法院是否受理的请示》收悉。经研究，答复如下：

根据《中华人民共和国仲裁法》第九条规定的精神，当事人对人民法院驳回其申请撤销仲裁裁决的裁定不服而申请再审的，人民法院不予受理。

此复。

❖ 指导性案例 ❖

中国工商银行股份有限公司岳阳分行与刘友良申请撤销仲裁裁决案[①]

（最高人民法院审判委员会讨论通过　2022年12月27日发布）

【关键词】

民事　申请撤销仲裁裁决　仲裁协议　实际施工人

【裁判要点】

实际施工人并非发包人与承包人签订的施工合同的当事人，亦未与发包人、承包人订立有效仲裁协议，不应受发包人与承包人的仲裁协议约束。实际施工人依据发包人与承包人的仲裁协议申请仲裁，仲裁机构作出仲裁裁决后，发包人请求撤销仲裁裁决的，人民法院应予支持。

【相关法条】

《中华人民共和国仲裁法》第58条

【基本案情】

2012年8月30日，中国工商银行股份有限公司岳阳分行（以下简称工行岳阳分行）与湖南巴陵建设有限公司（以下简称巴陵公司）签订《装修工程施工合同》，工行岳阳分行将其办公大楼整体装修改造内部装饰项目发包给巴陵公司，同时在合同第15.11条约定"本合同发生争议时，先由双方协商解决，协商不成时，向岳阳

① 最高人民法院指导性案例198号。

仲裁委员会申请仲裁解决。”2012年9月10日，巴陵公司与刘友良签订《内部项目责任承包合同书》，巴陵公司将工行岳阳分行办公大楼整体装修改造内部装饰项目的工程内容及保修以大包干方式承包给刘友良，并收取一定的管理费及相关保证金。2013年7月23日，工行岳阳分行与巴陵公司又签订了《装饰安装工程施工补充合同》，工行岳阳分行将其八楼主机房碳纤维加固、防水、基层装饰、外屏管道整修、室内拆旧及未进入决算的相关工程发包给巴陵公司。由于工行岳阳分行未能按照约定支付工程款，2017年7月4日，刘友良以工行岳阳分行为被申请人向岳阳仲裁委员会申请仲裁。2017年8月7日，工行岳阳分行以其与刘友良未达成仲裁协议为由提出仲裁管辖异议。2017年8月8日，岳阳仲裁委员会以岳仲决字〔2017〕8号决定驳回了工行岳阳分行的仲裁管辖异议。2017年12月22日，岳阳仲裁委员会作出岳仲决字〔2017〕696号裁决，裁定工行岳阳分行向刘友良支付到期应付工程价款及违约金。工行岳阳分行遂向湖南省岳阳市中级人民法院申请撤销该仲裁裁决。

【裁判结果】

湖南省岳阳市中级人民法院于2018年11月12日作出（2018）湘06民特1号民事裁定，撤销岳阳仲裁委员会岳仲决字〔2017〕696号裁决。

【裁判理由】

法院生效裁判认为，仲裁协议是当事人达成的自愿将他们之间业已产生或可能产生的有关特定的无论是契约性还是非契约性的法律争议的全部或特定争议提交仲裁的合意。仲裁协议是仲裁机构取得管辖权的依据，是仲裁合法性、正当性的基础，其集中体现了仲裁自愿原则和协议仲裁制度。本案中，工行岳阳分行与巴陵公司签订的《装修工程施工合同》第15.11条约定“本合同发生争议时，先由双方协商解决，协商不成时，向岳阳仲裁委员会申请仲裁”，故工行岳阳分行与巴陵公司之间因工程款结算及支付引起的争议应当通过仲裁解决。但刘友良作为实际施工人，其并非工行岳阳分行与巴陵公司签订的《装修工程施工合同》的当事人，刘友良与工行岳阳分行及巴陵公司之间均未达成仲裁合意，不受该合同中仲裁条款的约束。除非另有约定，刘友良无权援引工行岳阳分行与巴陵公司之间《装修工程施工合同》中的仲裁条款向合同当事方主张权利。刘友良以巴陵公司的名义施工，巴陵公司作为《装修工程施工合同》的主体仍然存在并承担相应的权利义务，案件当事人之间并未构成《最高人民法院关于适用〈中华人民共和国仲裁法〉若干问题的解释》第八条规定的合同仲裁条款“承继”情形，亦不构成上述解释第九条规定的合同主体变更情形。2004年《最高人民法院关于审理建设工程施工合同纠纷案件适用法律问题的解释》第二十六条虽然规定实际施工人可以发包人为被告主张权利且发包人只在欠付工程款的范围内对实际施工人承担责任，但上述内容仅规定了实际施工人对发包人的诉权以及发包人承担责任的范围，不应视为实际施工人援引《装修工程施工合同》中仲裁条款的依据。综上，工行岳阳分行与刘友良之间不存在仲裁协议，岳阳仲裁委员会基于刘友良的申请以仲裁方式解决工行岳阳分行与刘友良之间的工程款争议无法律依据。实际施工人依据发包人与承包人的仲裁协议申请仲裁，仲裁机构作出仲裁裁决后，发包人请求撤销仲裁裁决的，人民法院应予支持。

（生效裁判审判人员：闫开海、宋红燕、苏洁）

高哲宇与深圳市云丝路创新发展基金企业、李斌申请撤销仲裁裁决案①

（最高人民法院审判委员会讨论通过 2022年12月27日发布）

【关键词】

民事 申请撤销仲裁裁决 比特币 社会公共利益

【裁判要点】

仲裁裁决裁定被申请人赔偿与比特币等值的美元，再将美元折算成人民币，属于变相支持比特币与法定货币之间的兑付交易，违反了国家对虚拟货币金融监管的规定，违背了社会公共利益，人民法院应当裁定撤销仲裁裁决。

【相关法条】

《中华人民共和国仲裁法》第58条

【基本案情】

2017年12月2日，深圳市云丝路创新发展基金企业（以下简称云丝路企业）、高哲宇、李斌签订了《股权转让协议》，根据该协议约定，云丝路企业将其持有的深圳极驱科技有限公司（以下简称极驱公司）5%股权以55万元转让给高哲宇；李斌同意代替高哲宇向云丝路企业支付30万元股权转让款，高哲宇直接向云丝路企业支付25万元股权转让款，同时高哲宇将李斌委托其进行理财的比特币全部归还至李斌的电子钱包。该协议签订后，高哲宇未履行合同义务。

云丝路企业、李斌向深圳仲裁委员会申请仲裁，主要请求为：

① 最高人民法院指导性案例199号。

变更云丝路企业持有的极驱公司5%股权到高哲宇名下，高哲宇向云丝路企业支付股权款25万元，高哲宇向李斌归还与比特币资产相等价值的美金493158.40美元及利息，高哲宇支付李斌违约金10万元。

仲裁庭经审理认为，高哲宇未依照案涉合同的约定交付双方共同约定并视为有财产意义的比特币等，构成违约，应予赔偿。仲裁庭参考李斌提供的okcoin.com网站公布的合同约定履行时点有关比特币收盘价的公开信息，估算应赔偿的财产损失为401780美元。仲裁庭裁决，变更云丝路企业持有的极驱公司5%股权至高哲宇名下；高哲宇向云丝路企业支付股权转让款25万元；高哲宇向李斌支付401780美元（按裁决作出之日的美元兑人民币汇率结算为人民币）；高哲宇向李斌支付违约金10万元。

高哲宇认为该仲裁裁决违背社会公共利益，请求人民法院予以撤销。

【裁判结果】

广东省深圳市中级人民法院于2020年4月26日作出（2018）粤03民特719号民事裁定，撤销深圳仲裁委员会（2018）深仲裁字第64号仲裁裁决。

【裁判理由】

法院生效裁判认为：《中国人民银行工业和信息化部中国银行业监督管理委员会中国证券监督管理委员会中国保险监督管理委员会关于防范比特币风险的通知》（银发〔2013〕289号）明确规定，比特币不具有与货币等同的法律地位，不能且不应作为货币在市场上流通使用。2017年中国人民银行等七部委联合发布关于防范代币发行融资风险的公告，重申了上述规定，同时从防范金融风险的角度，进一步提出任何所谓的代币融资交易平台不得从事法定货币与代币、虚拟货币相互之间的兑换业务，不得买卖或作为中央对手方买卖代币或虚拟货币，不得为代币或虚拟货币提供定价、信息中介等服务。

申请撤销仲裁裁决

上述文件实质上禁止了比特币的兑付、交易及流通，炒作比特币等行为涉嫌从事非法金融活动，扰乱金融秩序，影响金融稳定。涉案仲裁裁决高哲宇赔偿李斌与比特币等值的美元，再将美元折算成人民币，实质上是变相支持了比特币与法定货币之间的兑付、交易，与上述文件精神不符，违背了社会公共利益，该仲裁裁决应予撤销。

（生效裁判审判人员：朱萍、梁乐乐、赵雪琳）

六 执　行

最高人民法院关于内地与澳门特别行政区就仲裁程序相互协助保全的安排

（2022 年 2 月 15 日最高人民法院审判委员会第 1864 次会议通过　2022 年 2 月 24 日最高人民法院公告公布　自 2022 年 3 月 25 日起施行　法释〔2022〕7 号）

根据《中华人民共和国澳门特别行政区基本法》第九十三条的规定，经最高人民法院与澳门特别行政区协商，现就内地与澳门特别行政区关于仲裁程序相互协助保全作出如下安排。

第一条　本安排所称“保全”，在内地包括财产保全、证据保全、行为保全；在澳门特别行政区包括为确保受威胁的权利得以实现而采取的保存或者预行措施。

第二条　按照澳门特别行政区仲裁法规向澳门特别行政区仲裁机构提起民商事仲裁程序的当事人，在仲裁裁决作出前，可以参照《中华人民共和国民事诉讼法》《中华人民共和国仲裁法》以及相关司法解释的规定，向被申请人住所地、财产所在地或者证据所在地的内地中级人民法院申请保全。被申请人住所地、财产所在地或者证据所在地在不同人民法院辖区的，应当选择向其中一个人民法院提出申请，不得分别向两个或者两个以上人民法院提出申请。

在仲裁机构受理仲裁案件前申请保全，内地人民法院采取保全措施后三十日内未收到仲裁机构已受理仲裁案件的证明函件的，内地人民法院应当解除保全。

第三条 向内地人民法院申请保全的，应当提交下列材料：

（一）保全申请书；

（二）仲裁协议；

（三）身份证明材料：申请人为自然人的，应当提交身份证件复印件；申请人为法人或者非法人组织的，应当提交注册登记证书的复印件以及法定代表人或者负责人的身份证件复印件；

（四）在仲裁机构受理仲裁案件后申请保全的，应当提交包含主要仲裁请求和所根据的事实与理由的仲裁申请文件以及相关证据材料、仲裁机构出具的已受理有关仲裁案件的证明函件；

（五）内地人民法院要求的其他材料。

身份证明材料系在内地以外形成的，应当依据内地相关法律规定办理证明手续。

向内地人民法院提交的文件没有中文文本的，应当提交中文译本。

第四条 向内地人民法院提交的保全申请书应当载明下列事项：

（一）当事人的基本情况：当事人为自然人的，包括姓名、住所、身份证件信息、通讯方式等；当事人为法人或者非法人组织的，包括法人或者非法人组织的名称、住所以及法定代表人或者主要负责人的姓名、职务、住所、身份证件信息、通讯方式等；

（二）请求事项，包括申请保全财产的数额、申请行为保全的内容和期限等；

（三）请求所依据的事实、理由和相关证据，包括关于情况紧急，如不立即保全将会使申请人合法权益受到难以弥补的损害或者将使仲裁裁决难以执行的说明等；

（四）申请保全的财产、证据的明确信息或者具体线索；

（五）用于提供担保的内地财产信息或者资信证明；

（六）是否已提出其他保全申请以及保全情况；

（七）其他需要载明的事项。

第五条　依据《中华人民共和国仲裁法》向内地仲裁机构提起民商事仲裁程序的当事人，在仲裁裁决作出前，可以根据澳门特别行政区法律规定，向澳门特别行政区初级法院申请保全。

在仲裁机构受理仲裁案件前申请保全的，申请人应当在澳门特别行政区法律规定的期间内，采取开展仲裁程序的必要措施，否则该保全措施失效。申请人应当将已作出必要措施及作出日期的证明送交澳门特别行政区法院。

第六条　向澳门特别行政区法院申请保全的，须附同下列资料：

（一）仲裁协议；

（二）申请人或者被申请人为自然人的，应当载明其姓名以及住所；为法人或者非法人组织的，应当载明其名称、住所以及法定代表人或者主要负责人的姓名、职务和住所；

（三）请求的详细资料，尤其包括请求所依据的事实和法律理由、申请标的的情况、财产的详细资料、须保全的金额、申请行为保全的详细内容和期限以及附同相关证据，证明权利受威胁以及解释恐防受侵害的理由；

（四）在仲裁机构受理仲裁案件后申请保全的，应当提交该仲裁机构出具的已受理有关仲裁案件的证明；

（五）是否已提出其他保全申请以及保全情况；

（六）法院要求的其他资料。

如向法院提交的文件并非使用澳门特别行政区的其中一种正式语文，则申请人应当提交其中一种正式语文的译本。

第七条　被请求方法院应当尽快审查当事人的保全申请，可以按照被请求方法律规定要求申请人提供担保。

经审查，当事人的保全申请符合被请求方法律规定的，被请求方法院应当作出保全裁定。

第八条　当事人对被请求方法院的裁定不服的，按被请求方相关法律规定处理。

第九条 当事人申请保全的，应当根据被请求方法律的规定交纳费用。

第十条 本安排不减损内地和澳门特别行政区的仲裁机构、仲裁庭、仲裁员、当事人依据对方法律享有的权利。

第十一条 本安排在执行过程中遇有问题或者需要修改的，由最高人民法院和澳门特别行政区协商解决。

第十二条 本安排自2022年3月25日起施行。

最高人民法院关于仲裁司法审查案件报核问题的有关规定

（2017年11月20日最高人民法院审判委员会第1727次会议通过 根据2021年11月15日最高人民法院审判委员会第1850次会议通过的《最高人民法院关于修改〈最高人民法院关于仲裁司法审查案件报核问题的有关规定〉的决定》修正 2021年12月24日最高人民法院公告公布 自2022年1月1日起施行 法释〔2021〕21号）

为正确审理仲裁司法审查案件，统一裁判尺度，依法保护当事人合法权益，保障仲裁发展，根据《中华人民共和国民事诉讼法》《中华人民共和国仲裁法》等法律规定，结合审判实践，制定本规定。

第一条 本规定所称仲裁司法审查案件，包括下列案件：

（一）申请确认仲裁协议效力案件；

（二）申请撤销我国内地仲裁机构的仲裁裁决案件；

（三）申请执行我国内地仲裁机构的仲裁裁决案件；

（四）申请认可和执行香港特别行政区、澳门特别行政区、台湾地区仲裁裁决案件；

（五）申请承认和执行外国仲裁裁决案件；

（六）其他仲裁司法审查案件。

第二条 各中级人民法院或者专门人民法院办理涉外涉港澳台仲裁司法审查案件，经审查拟认定仲裁协议无效，不予执行或者撤销我国内地仲裁机构的仲裁裁决，不予认可和执行香港特别行政区、澳门特别行政区、台湾地区仲裁裁决，不予承认和执行外国仲裁裁决，应当向本辖区所属高级人民法院报核；高级人民法院经审查拟同意的，应当向最高人民法院报核。待最高人民法院审核后，方可依最高人民法院的审核意见作出裁定。

各中级人民法院或者专门人民法院办理非涉外涉港澳台仲裁司法审查案件，经审查拟认定仲裁协议无效，不予执行或者撤销我国内地仲裁机构的仲裁裁决，应当向本辖区所属高级人民法院报核；待高级人民法院审核后，方可依高级人民法院的审核意见作出裁定。

第三条 本规定第二条第二款规定的非涉外涉港澳台仲裁司法审查案件，高级人民法院经审查，拟同意中级人民法院或者专门人民法院以违背社会公共利益为由不予执行或者撤销我国内地仲裁机构的仲裁裁决的，应当向最高人民法院报核，待最高人民法院审核后，方可依最高人民法院的审核意见作出裁定。

第四条 依据本规定第二条第二款由高级人民法院审核的案件，高级人民法院应当在作出审核意见之日起十五日内向最高人民法院报备。

第五条 下级人民法院报请上级人民法院审核的案件，应当将书面报告和案件卷宗材料一并上报。书面报告应当写明审查意见及具体理由。

第六条 上级人民法院收到下级人民法院的报核申请后，认为案件相关事实不清的，可以询问当事人或者退回下级人民法院补充查明事实后再报。

第七条 上级人民法院应当以复函的形式将审核意见答复下级人民法院。

第八条 在民事诉讼案件中，对于人民法院因涉及仲裁协议效力而作出的不予受理、驳回起诉、管辖权异议的裁定，当事人不服提起上诉，第二审人民法院经审查拟认定仲裁协议不成立、无效、失效、内容不明确无法执行的，须按照本规定第二条的规定逐级报核，待上级人民法院审核后，方可依上级人民法院的审核意见作出裁定。

第九条 本规定自 2018 年 1 月 1 日起施行，本院以前发布的司法解释与本规定不一致的，以本规定为准。

最高人民法院关于仲裁机构“先予仲裁”裁决或者调解书立案、执行等法律适用问题的批复

（2018 年 5 月 28 日最高人民法院审判委员会第 1740 次会议通过　2018 年 6 月 5 日最高人民法院公告公布　自 2018 年 6 月 12 日起施行　法释〔2018〕10 号）

广东省高级人民法院：

你院《关于“先予仲裁”裁决应否立案执行的请示》（粤高法〔2018〕99 号）收悉。经研究，批复如下：

当事人申请人民法院执行仲裁机构根据仲裁法作出的仲裁裁决或者调解书，人民法院经审查，符合民事诉讼法、仲裁法相关规定的，应当依法及时受理，立案执行。但是，根据仲裁法第二条的规定，仲裁机构可以仲裁的是当事人间已经发生的合同纠纷和其他财产权益纠纷。因此，网络借贷合同当事人申请执行仲裁机构在纠纷

发生前作出的仲裁裁决或者调解书的，人民法院应当裁定不予受理；已经受理的，裁定驳回执行申请。

你院请示中提出的下列情形，应当认定为民事诉讼法第二百三十七条第二款第三项规定的“仲裁庭的组成或者仲裁的程序违反法定程序”的情形：

一、仲裁机构未依照仲裁法规定的程序审理纠纷或者主持调解，径行根据网络借贷合同当事人在纠纷发生前签订的和解或者调解协议作出仲裁裁决、仲裁调解书的；

二、仲裁机构在仲裁过程中未保障当事人申请仲裁员回避、提供证据、答辩等仲裁法规定的基本程序权利的。

前款规定情形中，网络借贷合同当事人以约定弃权条款为由，主张仲裁程序未违反法定程序的，人民法院不予支持。

人民法院办理其他合同纠纷、财产权益纠纷仲裁裁决或者调解书执行案件，适用本批复。

此复。

最高人民法院关于人民法院办理仲裁裁决执行案件若干问题的规定

（2018年1月5日最高人民法院审判委员会第1730次会议通过　2018年2月22日最高人民法院公告公布　自2018年3月1日起施行　法释〔2018〕5号）

为了规范人民法院办理仲裁裁决执行案件，依法保护当事人、案外人的合法权益，根据《中华人民共和国民事诉讼法》《中华人民共和国仲裁法》等法律规定，结合人民法院执行工作实际，制定本规定。

第一条 本规定所称的仲裁裁决执行案件，是指当事人申请人民法院执行仲裁机构依据仲裁法作出的仲裁裁决或者仲裁调解书的案件。

第二条 当事人对仲裁机构作出的仲裁裁决或者仲裁调解书申请执行的，由被执行人住所地或者被执行的财产所在地的中级人民法院管辖。

符合下列条件的，经上级人民法院批准，中级人民法院可以参照民事诉讼法第三十八条的规定指定基层人民法院管辖：

（一）执行标的额符合基层人民法院一审民商事案件级别管辖受理范围；

（二）被执行人住所地或者被执行的财产所在地在被指定的基层人民法院辖区内。

被执行人、案外人对仲裁裁决执行案件申请不予执行的，负责执行的中级人民法院应当另行立案审查处理；执行案件已指定基层人民法院管辖的，应当于收到不予执行申请后三日内移送原执行法院另行立案审查处理。

第三条 仲裁裁决或者仲裁调解书执行内容具有下列情形之一导致无法执行的，人民法院可以裁定驳回执行申请；导致部分无法执行的，可以裁定驳回该部分的执行申请；导致部分无法执行且该部分与其他部分不可分的，可以裁定驳回执行申请。

（一）权利义务主体不明确；

（二）金钱给付具体数额不明确或者计算方法不明确导致无法计算出具体数额；

（三）交付的特定物不明确或者无法确定；

（四）行为履行的标准、对象、范围不明确；

仲裁裁决或者仲裁调解书仅确定继续履行合同，但对继续履行的权利义务，以及履行的方式、期限等具体内容不明确，导致无法执行的，依照前款规定处理。

第四条　对仲裁裁决主文或者仲裁调解书中的文字、计算错误以及仲裁庭已经认定但在裁决主文中遗漏的事项，可以补正或说明的，人民法院应当书面告知仲裁庭补正或说明，或者向仲裁机构调阅仲裁案卷查明。仲裁庭不补正也不说明，且人民法院调阅仲裁案卷后执行内容仍然不明确具体无法执行的，可以裁定驳回执行申请。

第五条　申请执行人对人民法院依照本规定第三条、第四条作出的驳回执行申请裁定不服的，可以自裁定送达之日起十日内向上一级人民法院申请复议。

第六条　仲裁裁决或者仲裁调解书确定交付的特定物确已毁损或者灭失的，依照《最高人民法院关于适用〈中华人民共和国民事诉讼法〉的解释》第四百九十四条的规定处理。

第七条　被执行人申请撤销仲裁裁决并已由人民法院受理的，或者被执行人、案外人对仲裁裁决执行案件提出不予执行申请并提供适当担保的，执行法院应当裁定中止执行。中止执行期间，人民法院应当停止处分性措施，但申请执行人提供充分、有效的担保请求继续执行的除外；执行标的查封、扣押、冻结期限届满前，人民法院可以根据当事人申请或者依职权办理续行查封、扣押、冻结手续。

申请撤销仲裁裁决、不予执行仲裁裁决案件司法审查期间，当事人、案外人申请对已查封、扣押、冻结之外的财产采取保全措施的，负责审查的人民法院参照民事诉讼法第一百条的规定处理。司法审查后仍需继续执行的，保全措施自动转为执行中的查封、扣押、冻结措施；采取保全措施的人民法院与执行法院不一致的，应当将保全手续移送执行法院，保全裁定视为执行法院作出的裁定。

第八条　被执行人向人民法院申请不予执行仲裁裁决的，应当在执行通知书送达之日起十五日内提出书面申请；有民事诉讼法第二百三十七条第二款第四、六项规定情形且执行程序尚未终结的，应当自知道或者应当知道有关事实或案件之日起十五日内提出书面申请。

本条前款规定期限届满前，被执行人已向有管辖权的人民法院申请撤销仲裁裁决且已被受理的，自人民法院驳回撤销仲裁裁决申请的裁判文书生效之日起重新计算期限。

第九条 案外人向人民法院申请不予执行仲裁裁决或者仲裁调解书的，应当提交申请书以及证明其请求成立的证据材料，并符合下列条件：

（一）有证据证明仲裁案件当事人恶意申请仲裁或者虚假仲裁，损害其合法权益；

（二）案外人主张的合法权益所涉及的执行标的尚未执行终结；

（三）自知道或者应当知道人民法院对该标的采取执行措施之日起三十日内提出。

第十条 被执行人申请不予执行仲裁裁决，对同一仲裁裁决的多个不予执行事由应当一并提出。不予执行仲裁裁决申请被裁定驳回后，再次提出申请的，人民法院不予审查，但有新证据证明存在民事诉讼法第二百三十七条第二款第四、六项规定情形的除外。

第十一条 人民法院对不予执行仲裁裁决案件应当组成合议庭围绕被执行人申请的事由、案外人的申请进行审查；对被执行人没有申请的事由不予审查，但仲裁裁决可能违背社会公共利益的除外。

被执行人、案外人对仲裁裁决执行案件申请不予执行的，人民法院应当进行询问；被执行人在询问终结前提出其他不予执行事由的，应当一并审查。人民法院审查时，认为必要的，可以要求仲裁庭作出说明，或者向仲裁机构调阅仲裁案卷。

第十二条 人民法院对不予执行仲裁裁决案件的审查，应当在立案之日起两个月内审查完毕并作出裁定；有特殊情况需要延长的，经本院院长批准，可以延长一个月。

第十三条 下列情形经人民法院审查属实的，应当认定为民事诉讼法第二百三十七条第二款第二项规定的“裁决的事项不属于仲裁协议的范围或者仲裁机构无权仲裁的”情形：

（一）裁决的事项超出仲裁协议约定的范围；

（二）裁决的事项属于依照法律规定或者当事人选择的仲裁规则规定的不可仲裁事项；

（三）裁决内容超出当事人仲裁请求的范围；

（四）作出裁决的仲裁机构非仲裁协议所约定。

第十四条　违反仲裁法规定的仲裁程序、当事人选择的仲裁规则或者当事人对仲裁程序的特别约定，可能影响案件公正裁决，经人民法院审查属实的，应当认定为民事诉讼法第二百三十七条第二款第三项规定的“仲裁庭的组成或者仲裁的程序违反法定程序的”情形。

当事人主张未按照仲裁法或仲裁规则规定的方式送达法律文书导致其未能参与仲裁，或者仲裁员根据仲裁法或仲裁规则的规定应当回避而未回避，可能影响公正裁决，经审查属实的，人民法院应当支持；仲裁庭按照仲裁法或仲裁规则以及当事人约定的方式送达仲裁法律文书，当事人主张不符合民事诉讼法有关送达规定的，人民法院不予支持。

适用的仲裁程序或仲裁规则经特别提示，当事人知道或者应当知道法定仲裁程序或选择的仲裁规则未被遵守，但仍然参加或者继续参加仲裁程序且未提出异议，在仲裁裁决作出之后以违反法定程序为由申请不予执行仲裁裁决的，人民法院不予支持。

第十五条　符合下列条件的，人民法院应当认定为民事诉讼法第二百三十七条第二款第四项规定的“裁决所根据的证据是伪造的”情形：

（一）该证据已被仲裁裁决采信；

（二）该证据属于认定案件基本事实的主要证据；

（三）该证据经查明确属通过捏造、变造、提供虚假证明等非法方式形成或者获取，违反证据的客观性、关联性、合法性要求。

第十六条 符合下列条件的，人民法院应当认定为民事诉讼法第二百三十七条第二款第五项规定的“对方当事人向仲裁机构隐瞒了足以影响公正裁决的证据的”情形：

（一）该证据属于认定案件基本事实的主要证据；

（二）该证据仅为对方当事人掌握，但未向仲裁庭提交；

（三）仲裁过程中知悉存在该证据，且要求对方当事人出示或者请求仲裁庭责令其提交，但对方当事人无正当理由未予出示或者提交。

当事人一方在仲裁过程中隐瞒己方掌握的证据，仲裁裁决作出后以己方所隐瞒的证据足以影响公正裁决为由申请不予执行仲裁裁决的，人民法院不予支持。

第十七条 被执行人申请不予执行仲裁调解书或者根据当事人之间的和解协议、调解协议作出的仲裁裁决，人民法院不予支持，但该仲裁调解书或者仲裁裁决违背社会公共利益的除外。

第十八条 案外人根据本规定第九条申请不予执行仲裁裁决或者仲裁调解书，符合下列条件的，人民法院应当支持：

（一）案外人系权利或者利益的主体；

（二）案外人主张的权利或者利益合法、真实；

（三）仲裁案件当事人之间存在虚构法律关系，捏造案件事实的情形；

（四）仲裁裁决主文或者仲裁调解书处理当事人民事权利义务的结果部分或者全部错误，损害案外人合法权益。

第十九条 被执行人、案外人对仲裁裁决执行案件逾期申请不予执行的，人民法院应当裁定不予受理；已经受理的，应当裁定驳回不予执行申请。

被执行人、案外人对仲裁裁决执行案件申请不予执行，经审查理由成立的，人民法院应当裁定不予执行；理由不成立的，应当裁定驳回不予执行申请。

第二十条　当事人向人民法院申请撤销仲裁裁决被驳回后，又在执行程序中以相同事由提出不予执行申请的，人民法院不予支持；当事人向人民法院申请不予执行被驳回后，又以相同事由申请撤销仲裁裁决的，人民法院不予支持。

在不予执行仲裁裁决案件审查期间，当事人向有管辖权的人民法院提出撤销仲裁裁决申请并被受理的，人民法院应当裁定中止对不予执行申请的审查；仲裁裁决被撤销或者决定重新仲裁的，人民法院应当裁定终结执行，并终结对不予执行申请的审查；撤销仲裁裁决申请被驳回或者申请执行人撤回撤销仲裁裁决申请的，人民法院应当恢复对不予执行申请的审查；被执行人撤回撤销仲裁裁决申请的，人民法院应当裁定终结对不予执行申请的审查，但案外人申请不予执行仲裁裁决的除外。

第二十一条　人民法院裁定驳回撤销仲裁裁决申请或者驳回不予执行仲裁裁决、仲裁调解书申请的，执行法院应当恢复执行。

人民法院裁定撤销仲裁裁决或者基于被执行人申请裁定不予执行仲裁裁决，原被执行人申请执行回转或者解除强制执行措施的，人民法院应当支持。原申请执行人对已履行或者被人民法院强制执行的款物申请保全的，人民法院应当依法准许；原申请执行人在人民法院采取保全措施之日起三十日内，未根据双方达成的书面仲裁协议重新申请仲裁或者向人民法院起诉的，人民法院应当裁定解除保全。

人民法院基于案外人申请裁定不予执行仲裁裁决或者仲裁调解书，案外人申请执行回转或者解除强制执行措施的，人民法院应当支持。

第二十二条　人民法院裁定不予执行仲裁裁决、驳回或者不予受理不予执行仲裁裁决申请后，当事人对该裁定提出执行异议或者申请复议的，人民法院不予受理。

人民法院裁定不予执行仲裁裁决的，当事人可以根据双方达成的书面仲裁协议重新申请仲裁，也可以向人民法院起诉。

人民法院基于案外人申请裁定不予执行仲裁裁决或者仲裁调解书，当事人不服的，可以自裁定送达之日起十日内向上一级人民法院申请复议；人民法院裁定驳回或者不予受理案外人提出的不予执行仲裁裁决、仲裁调解书申请，案外人不服的，可以自裁定送达之日起十日内向上一级人民法院申请复议。

第二十三条 本规定第八条、第九条关于对仲裁裁决执行案件申请不予执行的期限自本规定施行之日起重新计算。

第二十四条 本规定自2018年3月1日起施行，本院以前发布的司法解释与本规定不一致的，以本规定为准。

本规定施行前已经执行终结的执行案件，不适用本规定；本规定施行后尚未执行终结的执行案件，适用本规定。

最高人民法院关于审理仲裁司法审查案件若干问题的规定

（2017年12月4日最高人民法院审判委员会第1728次会议通过　2017年12月26日最高人民法院公告公布　自2018年1月1日起施行　法释〔2017〕22号）

为正确审理仲裁司法审查案件，依法保护各方当事人合法权益，根据《中华人民共和国民事诉讼法》《中华人民共和国仲裁法》等法律规定，结合审判实践，制定本规定。

第一条 本规定所称仲裁司法审查案件，包括下列案件：

（一）申请确认仲裁协议效力案件；

（二）申请执行我国内地仲裁机构的仲裁裁决案件；

（三）申请撤销我国内地仲裁机构的仲裁裁决案件；

（四）申请认可和执行香港特别行政区、澳门特别行政区、台湾地区仲裁裁决案件；

（五）申请承认和执行外国仲裁裁决案件；

（六）其他仲裁司法审查案件。

第二条 申请确认仲裁协议效力的案件，由仲裁协议约定的仲裁机构所在地、仲裁协议签订地、申请人住所地、被申请人住所地的中级人民法院或者专门人民法院管辖。

涉及海事海商纠纷仲裁协议效力的案件，由仲裁协议约定的仲裁机构所在地、仲裁协议签订地、申请人住所地、被申请人住所地的海事法院管辖；上述地点没有海事法院的，由就近的海事法院管辖。

第三条 外国仲裁裁决与人民法院审理的案件存在关联，被申请人住所地、被申请人财产所在地均不在我国内地，申请人申请承认外国仲裁裁决的，由受理关联案件的人民法院管辖。受理关联案件的人民法院为基层人民法院的，申请承认外国仲裁裁决的案件应当由该基层人民法院的上一级人民法院管辖。受理关联案件的人民法院是高级人民法院或者最高人民法院的，由上述法院决定自行审查或者指定中级人民法院审查。

外国仲裁裁决与我国内地仲裁机构审理的案件存在关联，被申请人住所地、被申请人财产所在地均不在我国内地，申请人申请承认外国仲裁裁决的，由受理关联案件的仲裁机构所在地的中级人民法院管辖。

第四条 申请人向两个以上有管辖权的人民法院提出申请的，由最先立案的人民法院管辖。

第五条 申请人向人民法院申请确认仲裁协议效力的，应当提交申请书及仲裁协议正本或者经证明无误的副本。

申请书应当载明下列事项：

（一）申请人或者被申请人为自然人的，应当载明其姓名、性别、出生日期、国籍及住所；为法人或者其他组织的，应当载明其名称、住所以及法定代表人或者代表人的姓名和职务；

（二）仲裁协议的内容；

（三）具体的请求和理由。

当事人提交的外文申请书、仲裁协议及其他文件，应当附有中文译本。

第六条 申请人向人民法院申请执行或者撤销我国内地仲裁机构的仲裁裁决、申请承认和执行外国仲裁裁决的，应当提交申请书及裁决书正本或者经证明无误的副本。

申请书应当载明下列事项：

（一）申请人或者被申请人为自然人的，应当载明其姓名、性别、出生日期、国籍及住所；为法人或者其他组织的，应当载明其名称、住所以及法定代表人或者代表人的姓名和职务；

（二）裁决书的主要内容及生效日期；

（三）具体的请求和理由。

当事人提交的外文申请书、裁决书及其他文件，应当附有中文译本。

第七条 申请人提交的文件不符合第五条、第六条的规定，经人民法院释明后提交的文件仍然不符合规定的，裁定不予受理。

申请人向对案件不具有管辖权的人民法院提出申请，人民法院应当告知其向有管辖权的人民法院提出申请，申请人仍不变更申请的，裁定不予受理。

申请人对不予受理的裁定不服的，可以提起上诉。

第八条 人民法院立案后发现不符合受理条件的，裁定驳回申请。

前款规定的裁定驳回申请的案件，申请人再次申请并符合受理条件的，人民法院应予受理。

当事人对驳回申请的裁定不服的，可以提起上诉。

第九条 对于申请人的申请，人民法院应当在七日内审查决定是否受理。

人民法院受理仲裁司法审查案件后，应当在五日内向申请人和被申请人发出通知书，告知其受理情况及相关的权利义务。

第十条　人民法院受理仲裁司法审查案件后，被申请人对管辖权有异议的，应当自收到人民法院通知之日起十五日内提出。人民法院对被申请人提出的异议，应当审查并作出裁定。当事人对裁定不服的，可以提起上诉。

在中华人民共和国领域内没有住所的被申请人对人民法院的管辖权有异议的，应当自收到人民法院通知之日起三十日内提出。

第十一条　人民法院审查仲裁司法审查案件，应当组成合议庭并询问当事人。

第十二条　仲裁协议或者仲裁裁决具有《最高人民法院关于适用〈中华人民共和国涉外民事关系法律适用法〉若干问题的解释（一）》第一条规定情形的，为涉外仲裁协议或者涉外仲裁裁决。

第十三条　当事人协议选择确认涉外仲裁协议效力适用的法律，应当作出明确的意思表示，仅约定合同适用的法律，不能作为确认合同中仲裁条款效力适用的法律。

第十四条　人民法院根据《中华人民共和国涉外民事关系法律适用法》第十八条的规定，确定确认涉外仲裁协议效力适用的法律时，当事人没有选择适用的法律，适用仲裁机构所在地的法律与适用仲裁地的法律将对仲裁协议的效力作出不同认定的，人民法院应当适用确认仲裁协议有效的法律。

第十五条　仲裁协议未约定仲裁机构和仲裁地，但根据仲裁协议约定适用的仲裁规则可以确定仲裁机构或者仲裁地的，应当认定其为《中华人民共和国涉外民事关系法律适用法》第十八条中规定的仲裁机构或者仲裁地。

第十六条　人民法院适用《承认及执行外国仲裁裁决公约》审查当事人申请承认和执行外国仲裁裁决案件时，被申请人以仲裁协议无效为由提出抗辩的，人民法院应当依照该公约第五条第一款（甲）项的规定，确定确认仲裁协议效力应当适用的法律。

第十七条 人民法院对申请执行我国内地仲裁机构作出的非涉外仲裁裁决案件的审查，适用《中华人民共和国民事诉讼法》第二百三十七条的规定。

人民法院对申请执行我国内地仲裁机构作出的涉外仲裁裁决案件的审查，适用《中华人民共和国民事诉讼法》第二百七十四条的规定。

第十八条 《中华人民共和国仲裁法》第五十八条第一款第六项和《中华人民共和国民事诉讼法》第二百三十七条第二款第六项规定的仲裁员在仲裁该案时有索贿受贿，徇私舞弊，枉法裁决行为，是指已经由生效刑事法律文书或者纪律处分决定所确认的行为。

第十九条 人民法院受理仲裁司法审查案件后，作出裁定前，申请人请求撤回申请的，裁定准许。

第二十条 人民法院在仲裁司法审查案件中作出的裁定，除不予受理、驳回申请、管辖权异议的裁定外，一经送达即发生法律效力。当事人申请复议、提出上诉或者申请再审的，人民法院不予受理，但法律和司法解释另有规定的除外。

第二十一条 人民法院受理的申请确认涉及香港特别行政区、澳门特别行政区、台湾地区仲裁协议效力的案件，申请执行或者撤销我国内地仲裁机构作出的涉及香港特别行政区、澳门特别行政区、台湾地区仲裁裁决的案件，参照适用涉外仲裁司法审查案件的规定审查。

第二十二条 本规定自 2018 年 1 月 1 日起施行，本院以前发布的司法解释与本规定不一致的，以本规定为准。

最高人民法院关于正确审理仲裁司法审查案件有关问题的通知

（2013年9月4日　法〔2013〕194号）

各省、自治区、直辖市高级人民法院，解放军军事法院，新疆维吾尔自治区高级人民法院生产建设兵团分院：

最近一段时间以来，因中国国际经济贸易仲裁委员会（以下简称中国贸仲）于2012年5月1日施行修订后的仲裁规则以及原中国国际经济贸易仲裁委员会上海分会（以下简称上海贸仲）、原中国国际经济贸易仲裁委员会华南分会（以下简称华南贸仲）变更名称并施行新的仲裁规则，致使有的当事人对仲裁规则的适用以及上述各仲裁机构受理仲裁案件的权限等问题产生争议。各地人民法院陆续受理了因上述争议而引发的仲裁司法审查案件。为统一裁判尺度，保证人民法院正确审理案件，现就有关问题通知如下：

对于因上述争议产生的当事人申请确认仲裁协议效力的案件以及当事人申请撤销或者不予执行中国贸仲或者上海贸仲、华南贸仲作出的仲裁裁决的案件，人民法院在作出裁定之前，须经审判委员会讨论提出意见后，逐级上报至最高人民法院，待最高人民法院答复后，方可作出裁定。

七 涉外仲裁的特别规定

中华人民共和国
涉外民事关系法律适用法（节录）

（2010年10月28日第十一届全国人民代表大会常务委员会第十七次会议通过　2010年10月28日中华人民共和国主席令第36号公布　自2011年4月1日起施行）

……

第十条　涉外民事关系适用的外国法律，由人民法院、仲裁机构或者行政机关查明。当事人选择适用外国法律的，应当提供该国法律。

不能查明外国法律或者该国法律没有规定的，适用中华人民共和国法律。

……

第十八条　当事人可以协议选择仲裁协议适用的法律。当事人没有选择的，适用仲裁机构所在地法律或者仲裁地法律。

……

最高人民法院关于执行我国加入的《承认及执行外国仲裁裁决公约》的通知

（1987年4月10日　法（经）发〔1987〕5号）

全国地方各高、中级人民法院，各海事法院、铁路运输中级法院：

第六届全国人民代表大会常务委员会第十八次会议于1986年12月2日决定我国加入1958年在纽约通过的《承认及执行外国仲裁裁决公约》（以下简称《1958年纽约公约》），该公约将于1987年4月22日对我国生效。各高、中级人民法院都应立即组织经济、民事审判人员、执行人员以及其他有关人员认真学习这一重要的国际公约，并且切实依照执行。现就执行该公约的几个问题通知如下：

一、根据我国加入该公约时所作的互惠保留声明，我国对在另一缔约国领土作出的仲裁裁决的承认和执行适用该公约。该公约与我国民事诉讼法（试行）有不同规定的，按该公约的规定办理。

对于在非缔约国领土内作出的仲裁裁决，需要我国法院承认和执行的，应按民事诉讼法（试行）第二百零四条的规定办理。

二、根据我国加入该公约时所作的商事保留声明，我国仅对按照我国法律属于契约性和非契约性商事法律关系所引起的争议适用该公约。所谓"契约性和非契约性商事法律关系"，具体的是指由于合同、侵权或者根据有关法律规定而产生的经济上的权利义务关系，例如货物买卖、财产租赁、工程承包、加工承揽、技术转让、合资经营、合作经营、勘探开发自然资源、保险、信贷、劳务、代理、咨询服务和海上、民用航空、铁路、公路的客货运输以及产品责任、环境污染、海上事故和所有权争议等，但不包括外国投资者与东道国政府之间的争端。

三、根据《1958年纽约公约》第四条的规定，申请我国法院承认和执行在另一缔约国领土内作出的仲裁裁决，是由仲裁裁决的一方当事人提出的。对于当事人的申请应由我国下列地点的中级人民法院受理：

（一）被执行人为自然人的，为其户籍所在地或者居所地；

（二）被执行人为法人的，为其主要办事机构所在地；

（三）被执行人在我国无住所、居所或者主要办事机构，但有财产在我国境内的，为其财产所在地。

四、我国有管辖权的人民法院接到一方当事人的申请后，应对申请承认及执行的仲裁裁决进行审查，如果认为不具有《1958年纽约公约》第五条第一、二两项所列的情形，应当裁定承认其效力，并且依照民事诉讼法（试行）规定的程序执行；如果认定具有第五条第二项所列的情形之一的，或者根据被执行人提供的证据证明具有第五条第一项所列的情形之一的，应当裁定驳回申请，拒绝承认及执行。

五、申请我国法院承认及执行的仲裁裁决，仅限于《1958年纽约公约》对我国生效后在另一缔约国领土内作出的仲裁裁决。该项申请应当在民事诉讼法（试行）第一百六十九条规定的申请执行期限内提出。

附一：

本通知引用的《承认及执行外国仲裁裁决公约》有关条款

第四条 一、声请承认及执行之一造，为取得前条所称之承认及执行，应于声请时提具：

(甲)原裁决之正本或其正式副本；

(乙)第二条所称协定之原本或其正式副本。

二、倘前述裁决或协定所用文字非为援引裁决地所在国之正式文字，声请承认及执行裁决之一造应具备各该文件之此项文字译本。译本应由公设或宣誓之翻译员或外交或领事人员认证之。

第五条 一、裁决唯有受裁决援用之一造向声请承认及执行地之主管机关提具证据证明有下列情形之一时，始得依该造之请求，拒予承认及执行：

(甲)第二条所称协定之当事人依对其适用之法律有某种无行为能力情形者，或该项协定依当事人作为协定准据之法律系属无效，或未指明以何法律为准时，依裁决地所在国法律系属无效者；

(乙)受裁决援用之一造未接获关于指派仲裁员或仲裁程序之适当通知，或因他故，致未能申辩者；

(丙)裁决所处理之争议非为交付仲裁之标的或不在其条款之列，或裁决载有关于交付仲裁范围以外事项之决定者，但交付仲裁事项之决定可与未交付仲裁之事项划分时，裁决中关于交付仲裁事项之决定部分得予承认及执行；

(丁)仲裁机关之组成或仲裁程序与各造间之协议不符，或无协议而与仲裁地所在国法律不符者；

(戊)裁决对各造尚无拘束力，或业经裁决地所在国或裁决所依据法律之国家之主管机关撤销或停止执行者。

二、倘声请承认及执行地所在国之主管机关认定有下列情形之一，亦得拒不承认及执行仲裁裁决：

(甲)依该国法律，争议事项系不能以仲裁解决者；

(乙)承认或执行裁决有违该国公共政策者。

附二：

本通知引用的《中华人民共和国民事诉讼法（试行）》有关条款

第一百六十九条 申请执行的期限，双方或者一方当事人是个人的为一年；双方是企业事业单位、机关、团体的为六个月。

第二百零四条 中华人民共和国人民法院对外国法院委托执行的已经确定的判决、裁决，应当根据中华人民共和国缔结或者参加的国际条约，或者按照互惠原则进行审查，认为不违反中华人民共和国法律的基本准则或者我国国家、社会利益的，裁定承认其效力，并且依照本法规定的程序执行。否则，应当退回外国法院。

❖ 指导性案例 ❖

斯万斯克蜂蜜加工公司申请承认和执行外国仲裁裁决案[①]

（最高人民法院审判委员会讨论通过 2022年12月27日发布）

【关键词】

民事 申请承认和执行外国仲裁裁决 快速仲裁 临时仲裁

【裁判要点】

仲裁协议仅约定通过快速仲裁解决争议，未明确约定仲裁机构

① 最高人民法院指导性案例200号。

的，由临时仲裁庭作出裁决，不属于《承认及执行外国仲裁裁决公约》第五条第一款规定的情形，被申请人以采用临时仲裁不符合仲裁协议约定为由，主张不予承认和执行该临时仲裁裁决的，人民法院不予支持。

【相关法条】

1.《中华人民共和国民事诉讼法》第 290 条（本案适用的是 2017 年 6 月 27 日修正的《中华人民共和国民事诉讼法》第 283 条）

2.《承认及执行外国仲裁裁决公约》第 5 条

【基本案情】

2013 年 5 月 17 日，卖方南京常力蜂业有限公司（以下简称常力蜂业公司）与买方斯万斯克蜂蜜加工公司（SvenskHonungsfora--dlingAB）（以下简称斯万斯克公司）签订了编号为 NJRS13001 的英文版蜂蜜销售《合同》，约定的争议解决条款为“in case of disputes governed by Swedish law and that disputes should be settled by Expedited Arbitration in Sweden.”（中文直译为：“在受瑞典法律管辖的情况下，争议应在瑞典通过快速仲裁解决。”）。另《合同》约定了相应的质量标准：蜂蜜其他参数符合欧洲（2001/112/EC，2001 年 12 月 20 日），无美国污仔病、微粒子虫、瓦螨病等。

在合同履行过程中，双方因蜂蜜品质问题发生纠纷。2015 年 2 月 23 日，斯万斯克公司以常力蜂业公司为被申请人就案涉《合同》向瑞典斯德哥尔摩商会仲裁院申请仲裁，请求常力蜂业公司赔偿。该仲裁院于 2015 年 12 月 18 日以其无管辖权为由作出 SCCF2015/023 仲裁裁决，驳回了斯万斯克公司的申请。

2016 年 3 月 22 日，斯万斯克公司再次以常力蜂业公司为被申请人就案涉《合同》在瑞典申请临时仲裁。在仲裁审查期间，临时仲裁庭及斯德哥尔摩地方法院向常力蜂业公司及该公司法定代表人邮寄了相应材料，但截止 2017 年 5 月 4 日，临时仲裁庭除了收到常力蜂业公司关于陈述《合同》没有约定仲裁条款、不应适用瑞典法的两份电子邮件外，未收到其他任何意见。此后临时仲裁庭收到常力蜂业公司代理律师提交的关于反对仲裁庭管辖权及延长提交答辩书的意见书。2018 年 3 月 5 日、6 日，临时仲裁庭组织双方当事人进行了听证。听证中，常力蜂业公司的代理人对仲裁庭的管辖权不再持异议，常力蜂业公司的法定代表人赵上生也未提出相应异议。该临时仲裁庭于 2018 年 6 月 9 日依据瑞典仲裁法作出仲裁裁决：1. 常力蜂业公司违反了《合同》约定，应向斯万斯克公司支付 286230 美元及相应利息；2. 常力蜂业公司应向斯万斯克公司赔偿 781614 瑞典克朗、1021718.45 港元。

2018 年 11 月 22 日，斯万斯克公司向江苏省南京市中级人民法院申请承认和执行上述仲裁裁决。

法院审查期间，双方均认为应当按照瑞典法律来理解《合同》中的仲裁条款。斯万斯克公司认为争议解决条款的中文意思是“如发生任何争议，应适用瑞典法律并在瑞典通过快速仲裁解决。”而常力蜂业公司则认为上述条款的中文意思是“为瑞典法律管辖下的争议在瑞典进行快速仲裁解决。”

【裁判结果】

江苏省南京市中级人民法院于 2019 年 7 月 15 日作出（2018）苏 01 协外认 8 号民事裁定，承认和执行由 PeterThorp、StureLarsson 和 NilsEliasson 组成的临时仲裁庭于 2018 年 6 月 9 日针对斯万斯克公司与常力蜂业公司关于 NJRS13001《合同》作出的仲裁裁决。

【裁判理由】

法院生效裁判认为：依据查明及认定的事实，由 PeterThorp、StureLarsson 和 NilsEliasson 组成的临时仲裁庭作出的案涉仲裁裁决不具有《承认及执行外国仲裁裁决公约》第五条第一款乙、丙、丁项规定的不予承认和执行的情形，也不违反我国加入该公约时所作出的保留性声明条款，或违反我国公共政策或争议事项不能以仲裁解决的情形，故对该裁决应当予以承认和执行。

关于临时仲裁裁决的程序是否存在与仲裁协议不符的情形。该项争议系双方对《合同》约定的争议解决条款“in case of disputes governed by Swedish law and that disputes should be settled by Expedited Arbitration in Sweden.”的理解问题。从双方对该条款中文意思的表述看，双方对在瑞典通过快速仲裁解决争端并无异议，仅对快速仲裁是否可以通过临时仲裁解决发生争议。快速仲裁相对于普通仲裁而言，更加高效、便捷、经济，其核心在于简化了仲裁程序、缩短了仲裁时间、降低了仲裁费用等，从而使当事人的争议以较为高效和经济的方式得到解决。而临时仲裁庭相对于常设的仲裁机构而言，也具有高效、便捷、经济的特点。具体到本案，双方同意通过快速仲裁的方式解决争议，但该快速仲裁并未排除通过临时仲裁的方式解决，当事人在仲裁听证过程中也没有对临时仲裁提出异议，在此情形下，由临时仲裁庭作出裁决，符合双方当事人的合意。故应认定案涉争议通过临时仲裁庭处理，并不存在与仲裁协议不符的情形。

（生效裁判审判人员：姜欣、蔡晓文、吴勇）

图书在版编目（CIP）数据

仲裁法律法规学习本／法规应用研究中心编.

北京 ： 中国法治出版社， 2025. 9. -- ISBN 978-7-5216-5609-1

Ⅰ. D925.709

中国国家版本馆 CIP 数据核字第 2025VZ5803 号

责任编辑：贺鹏娟　　封面设计：杨鑫宇

仲裁法律法规学习本

ZHONGCAI FALÜ FAGUI XUEXIBEN

编者/法规应用研究中心

经销/新华书店

印刷/三河市国英印务有限公司

开本/880 毫米×1230 毫米　32 开　　印张/ 6　字数/ 119 千

版次/2025 年 9 月第 1 版　　2025 年 9 月第 1 次印刷

中国法治出版社出版

书号 ISBN 978-7-5216-5609-1　　定价：18.00 元

北京市西城区西便门西里甲 16 号西便门办公区

邮政编码：100053　　传真：010-63141600

网址：http：//www.zgfzs.com　　**编辑部电话：010-63141791**

市场营销部电话：010-63141612　　**印务部电话：010-63141606**

（如有印装质量问题，请与本社印务部联系。）